Na trilha da gramática

Conhecimento linguístico na alfabetização e letramento

© 2013 by Luiz Carlos Travaglia

© Direitos de publicação

CORTEZ EDITORA
Rua Monte Alegre, 1074 – Perdizes
05014-001 – São Paulo – SP
Tel.: (11) 3864-0111 Fax: (11) 3864-4290
cortez@cortezeditora.com.br
www.cortezeditora.com.br

Direção
José Xavier Cortez

Editores
Amir Piedade
Anna Christina Bentes
Marcos Cezar Freitas

Preparação
Jaci Dantas

Assessoria na seleção de textos
Silvana Costa

Revisão
Patrizia Zagni
Isabel Ferrazoli

Edição de arte
Mauricio Rindeika Seolin

Projeto e diagramação
More Arquitetura de Informação

Ilustrações
Rodrigo Abrahim

Dados Internacionais de Catalogação na Publicação (CIP)
(Câmara Brasileira do Livro, SP, Brasil)

Travaglia, Luiz Carlos
  Na trilha da gramática: conhecimento linguístico na alfabetização e letramento / Luiz Carlos Travaglia. – 1. ed. – São Paulo: Cortez, 2013. – (Coleção biblioteca básica de alfabetização e letramento)

  Bibliografia.
  ISBN 978-85-249-2112-4

  1. Alfabetização 2. Letramento 3. Linguagem 4. Linguística aplicada 5. Mediação 6. Pedagogia 7. Prática de ensino 8. Professores - Formação I. Título. II. Série.

13-09268   CDD-370.71

Índices para catálogo sistemático:

1. Processo de alfabetização: Professores:
   Formação: Educação   370.71

Impresso no Brasil – Fevereiro de 2017

Biblioteca Básica de Alfabetização e Letramento

Na trilha da gramática

Conhecimento linguístico na alfabetização e letramento

Luiz Carlos Travaglia

1ª edição
1ª reimpressão

"E, num momento mágico,
como estrelas surgindo
devagar, devagarinho,
uma criança aqui,
duas ou três ali,
outras e outras mais
vão descobrindo um mundo
novo e misterioso:
o reino da palavra escrita."

(MOREIRA, Terezinha Maria. Uma chave preciosa.

A você. Uberlândia: Ed. do Autor, 2012. p. 66)

Para você que ensina e aprende
Para você que aprende e ensina

Sumário

▸ **Introdução** **10**
▸ Livros sugeridos para ações literárias **16**

↘ **CAPÍTULO 1**
**Alguns pontos básicos no ensino de língua materna
e sua relação com o ensino de gramática** **18**

▸ Para além da sala de aula **54**
▸ Livros sugeridos para ações literárias **56**

CAPÍTULO 2

Conhecimentos linguísticos: o que ensinar e como ensinar – Trabalhando com projetos de ensino 58

- 2.1 O que trabalhar **60**
- 2.2 Como trabalhar **94**

- Para além da sala de aula **139**
- Livros sugeridos para ações literárias **140**

CAPÍTULO 3
Exemplificando os projetos a partir de textos **142**

- 3.1 Os textos **143**
- 3.2 Exercícios **148**
  3.2.1 Atividades organizadas a partir
     de um recurso específico **148**
  3.2.2 Atividades organizadas a partir
     de um tipo de recurso..............................**158**
  3.2.3 Atividades organizadas a partir
     de uma instrução de sentido **193**
  3.2.4 Atividades organizadas a partir de uma ação
     feita com o recurso ou uma função do mesmo **229**
  3.2.5 Outros **238**

- Para além da sala de aula:
  Língua oral e Língua escrita **247**
- Livros sugeridos para ações literárias **248**

CAPÍTULO 4
O ensino de vocabulário **250**

▸ Para além da sala de aula:
  Ensino de vocabulário **287**
▸ Livros sugeridos para ações literárias **288**

PALAVRAS FINAIS **290**
REFERÊNCIAS BIBLIOGRÁFICAS **292**
LIVROS DE LITERATURA INFANTIL **294**
ANEXOS **295**
BIOGRAFIA **328**

Introdução

O ensino de Língua Portuguesa nas séries iniciais do Ensino Fundamental se reveste de importância vital, porque, certamente, vai configurar a relação que o aluno terá com o estudo de sua língua materna em todo o seu período escolar, tanto no Ensino Fundamental quanto no Ensino Médio e talvez mesmo nos cursos superiores, pois a qualidade de sua alfabetização e letramento o acompanhará sempre, tornando-o alguém com um bom domínio da língua escrita ou não.

O que basicamente se denomina e entende por alfabetização e letramento?

Os PCNs (2000) dizem que a **alfabetização** refere-se à "aprendizagem de um conhecimento notacional: a escrita alfabética" (p. 33), o que seria um sentido restrito de alfabetização (p. 35), e o **letramento** (os PCNs falam em "processo mais amplo de aprendizagem da Língua Portuguesa" – p. 35) refere-se à "aprendizagem da linguagem que se usa para escrever" (p. 33), à aquisição da "possibilidade de compreender e produzir textos em linguagem escrita" (p. 33), considerando as características discursivas da linguagem (p. 34), para uma maior participação social pelo estabelecimento de relações interpessoais pela significação do mundo e da realidade (p. 24).

Achamos bastante úteis e claras as conceituações de alfabetização e letramento e as considerações sobre os mesmos feitas por Soares (2008). Segundo esta autora, a **alfabetização** é entendida hoje como o domínio do sistema alfabético e ortográfico, a aquisição do sistema convencional da escrita. Já o **letramento** é entendido como o desenvolvimento de habilidades, comportamentos e práticas de uso competente do sistema convencional da escrita na produção e compreensão de textos dentro de práticas sociais em que a leitura e a escrita estejam envolvidas. Para Soares (2008), os dois processos são indissociáveis e interdependentes, embora sejam distintos quanto aos objetos de conhecimento, aos processos cognitivos e linguísticos de aprendizagem, o que mostra ser pertinente sua distinção. Para nós, embora o processo de alfabetização, tal como definido aqui, seja finito, parece que o processo de letramento nunca termina, já que envolve desenvolver a competência de uso dos mais diferentes recursos da língua e sua contribuição para a significação dos textos, bem como desenvolver a competência de uso dos mais diferentes gêneros de texto em situações específicas de interação comunicativa, o que representa as práticas sociais de uso da linguagem[1].

---

1 - É preciso dizer que a prática social de uso da língua configurada pelos gêneros não se refere apenas à língua escrita, mas também à língua oral com seus gêneros.

O ensino de conhecimentos linguísticos e teoria gramatical sempre se revelou cheio de dúvidas, sobre o que e como fazer, sobre o que ensinar. Para os alunos, sempre se revelou um tanto traumático a ponto de levar falantes de Língua Portuguesa, que se expressam nesta língua em todas as situações de sua vida, a afirmar que "Português é muito difícil". Parece-nos que não é o Português que é difícil, mas o estudo de teoria gramatical e certamente o modo como muitas vezes é desenvolvido. Que relação há entre conhecimento linguístico, alfabetização e letramento? Como podemos desenvolver atividades visando à aquisição de conhecimentos linguísticos relativos à gramática da língua e que sejam pertinentes para a alfabetização e o letramento nas séries iniciais?

Neste livro, fazemos uma sugestão sobre como trabalhar com este aspecto da língua, ou seja, com o conhecimento linguístico, mostrando que o conhecimento linguístico não é, como muitos pensam, apenas saber teoria gramatical/linguística e terminologia para analisar elementos da língua. Evidentemente este conhecimento teórico vai acontecer em conjunto com todas as atividades que você vai desenvolver para que o aluno:

a) adquira a variedade escrita da língua, uma vez que ele domina uma variedade oral familiar quando chega à escola e

b) alcance progressivamente o domínio e a capacidade de uso de um número cada vez maior de recursos da língua, tornando-se um usuário da língua progressivamente mais competente.

O domínio da variedade escrita, por meio da alfabetização e letramento, exige uma série de conhecimentos que referimos no capítulo 2. Esperamos que nossas sugestões possam ser úteis e sirvam de suporte para um ensino de melhor qualidade e mais produtivo, ou seja, capaz de levar o aluno a adquirir o maior número possível de habilidades de uso da língua e assim um maior domínio da mesma em suas diferentes variedades, especialmente a escrita e a culta.

Para isto organizamos este livro em **quatro** capítulos.

No **capítulo 1,** buscamos apresentar alguns pontos que julgamos fundamentais para o professor de Português poder realizar um ensino mais eficiente nas séries iniciais, mas também em todas as demais séries. Aqui apresentamos também algumas opções que dão base à configuração da metodologia proposta.

No **capítulo 2,** esboçamos um conjunto básico de conhecimentos linguísticos que julgamos conveniente trabalhar nas séries iniciais do Ensino Fundamental e propomos uma forma de abordar estes conhecimentos, por meio de uma estratégia que denominamos de "*projetos*", apresentando exemplos de atividades de ensino/aprendizagem do tipo que julgamos eficiente para auxiliar a alfabetização e o letramento e que se concentra sobretudo em discutir como os diferentes recursos da língua contribuem para o sentido de cada texto na situação em que é usado, ou seja, na prática social a que serve.

No **capítulo 3,** continuamos com exemplos de atividades correlacionadas com projetos propostos no capítulo 2 e elaboradas a partir de textos de gêneros variados, para que se perceba como podem ser desenvolvidos os projetos de ensino/aprendizagem sobre conhecimentos linguísticos diversos a partir de textos concretos, já que uma de nossas opções para construção de uma metodologia é trabalhar sempre no nível textual-discursivo da língua.

No **capítulo 4,** mostramos como organizar e trabalhar o conhecimento linguístico sobre o léxico para a ampliação do vocabulário dos alunos e para a precisão de certos aspectos no uso do mesmo, uma vez que o incremento da competência lexical é fundamental para um letramento de qualidade. Os exemplos de exercícios de vocabulário são motivados pelos mesmos textos que serviram de ponto de partida para as atividades dos capítulos 2 e 3.

Em alguns momentos, e no final de cada capítulo, tomamos a liberdade de sugerir algumas leituras complementares para o(a) professor(a) que desejar saber um pouco mais sobre alguns dos tópicos abordados.

Ao final da introdução e de cada capítulo, indicamos também alguns livros para possível leitura pelos alunos, apenas para reforçar junto aos colegas professores que a leitura é fundamental no trabalho com o conhecimento linguístico dentro do que vamos chamar de "gramática de uso", a que nos referimos no capítulo 1, como um dos tipos de atividades de ensino de conhecimento linguístico, enquanto ensino de gramática. A leitura dos livros pode e deve ser acompanhada de uma conversa orientada para a melhor compreensão do que foi lido, e para chamar a atenção dos alunos para aspectos da construção dos textos de natureza literária, visando a um letramento mais elaborado de um modo geral. O conversar sobre o livro pode incidir, inclusive, na observação e análise de aspectos dos recursos linguísticos que é bom conhecer para uma adequada compreensão de textos. Como fazer esta última parte aparece exemplificado neste livro nos capítulos 2 a 4.

No que diz respeito a livros de literatura infantil, é bom lembrar que muitos foram construídos com propósitos bem definidos e o professor pode usá-los como recurso complementar, motivacional e mesmo básico para o ensino de alguns elementos. Estão neste caso, entre outros, livros como: a) *ABC e numerais – Pra brincar é bom demais* (Belinky, 2010), para trabalhar as letras por meio de palavras em que tais letras aparecem e os nove algarismos arábicos; b) *O aniversário do Seu Alfabeto* (Piedade, 2010), que é um livro útil para o aluno conhecer o alfabeto de modo divertido e interessante; c) *Linha animada* (Góis e Nali, 2006), para introduzir o aluno no mundo da geometria ao mesmo tempo que correlaciona tipos de linha, figuras geométricas planas e espaciais (sólidos) com a realidade do dia a dia; d) *Conversa molhada* (Prado, 2008), que ensina o ciclo das águas por meio de uma história em que uma menina e sua avó trabalham com a imaginação. Este tipo de livro pode e deve ser buscado e utilizado pelo(a) professor(a), para abordar ou motivar assuntos diversos. Evidentemente, mesmo os que servem a outros propósitos sempre têm a língua como material de construção e podem ajudar o aluno a ampliar sua competência linguística.

Livros sugeridos para ações literárias

2º ANO

▶ BRAZ, Júlio Emílio. *As abotoaduras do gigante* (Reconto). Ilustrações: Mozart Couto. São Paulo: Cortez, 2012.
- Um clássico com um reconto bem interessante. Quase um poema com rimas finais e internas às frases que leva a descobrir que a ambição nos traz infelicidade e que a felicidade está em coisas simples da vida.

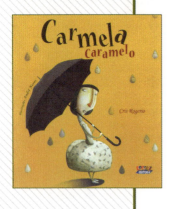

▶ ROGÉRIO, Cris. *Carmela caramelo*. Ilustrações: André Neves. São Paulo: Cortez, 2012.
- Um texto diferente que descreve uma pessoa em diferentes situações, usando recursos linguísticos interessantes. Mas o melhor é descobrir que mesmo quem parece uma pessoa excêntrica é alguém que desperta os nossos melhores sentimentos.

3º ANO

▸ COSTA, Silvana. *Amigos pra cachorro.* Ilustrações: Guto Lins. Belo Horizonte: Dimensão, 2005.
- O que você faria se mudasse para um lugar para o qual seu cachorro tão querido não pudesse ir? Como Melinda resolveu este impasse? Surpreenda-se com o que aconteceu a Hermes, o Cachorro de Melinda. Uma história tocante.

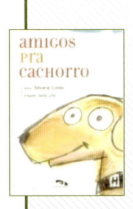

▸ CUNHA, Leo. *Poemas para ler num pulo.* Ilustrações: Flávio Fargas. Belo Horizonte: Dimensão, 2009.
- Leo Cunha cria neste livro poemas rápidos e concisos, sem perder a possibilidade de refletir sobre o mundo e se encantar com ele. O mesmo que a sabedoria oriental nos ensina a fazer nos haikais. São poemas pra ler num pulo e reler sempre.

4º ANO

▸ ARAGÃO, José Carlos. *É tudo lenda...* Ilustrações: Flávio Fargas. Belo Horizonte: Dimensão, 2007.
- As lendas explicam a origem das coisas que existem no mundo. Este livro apresenta lendas, colocadas em forma de crônicas, explicando o surgimento de várias coisas do mundo, como o futebol, a alegria, o lápis, a chuva, entre outras, e a origem das próprias lendas. Como lendas são cheias de fantasia, seus alunos vão adorar.

↘ **CAPÍTULO 1**

Alguns pontos básicos no ensino de língua materna e sua relação com o ensino de gramática

É tão importante saber ensinar como querer aprender.

Há alguns pontos que são básicos na ação de ensinar e aprender? Quais são? O que o professor de Língua Portuguesa, sobretudo aquele de alfabetização e letramento inicial, deve ter sempre em mente?

Neste capítulo, são apresentados alguns pontos que consideramos importantes para quem se dedica ao trabalho de ensinar a Língua Portuguesa como língua materna.

O **ensino/aprendizagem**, em qualquer circunstância, só pode acontecer a partir de uma **condição básica**: haver o encontro entre alguém que quer aprender e alguém que sabe o que vai ensinar. Na escola, isto implica um aluno motivado, por alguma razão, a saber algo e um professor com o maior conhecimento possível daquilo que vai ensinar, mas isto acontece também em outras situações mais ou menos formais de educação.

A partir dessa primeira condição atua a **metodologia**. Podemos entender esta como um conjunto de princípios que regem nossas atividades em sala de aula para a consecução de objetivos de ensino e aprendizagem. A metodologia tem um papel importante porque é responsável por um ensino/aprendizagem mais produtivo em termos de abrangência, organização (seleção, progressão, inter-relação de itens a serem ensinados/aprendidos) e consequente maior facilidade de acesso ao que se quer aprender e ensinar, pois este é o papel básico da metodologia: facilitar o acesso ao objeto de aprendizagem.

A **abrangência** é exatamente o quanto ensinamos e permite trabalhar com o máximo de fatos de conhecimento no tempo de que dispomos. Certamente nosso ideal é ensinar o máximo possível.

A **organização** do ensino/aprendizagem é que vai facilitar o acesso ao conhecimento, seja de elementos teóricos, seja de habilidades.

Essa **organização** implica que:

a) se selecione o que ensinar;

b) se faça uma progressão entre os elementos a serem ensinados e aprendidos, ou seja, o que ensinar em primeiro, segundo, terceiro lugar etc., lembrando ainda que há elementos que têm de ser ensinados simultaneamente;

c) se estabeleça, por alguma razão de significação, de forma ou de função, uma inter-relação ou correlação entre elementos que são objeto de ensino e aprendizagem;

d) se detecte o que precisa ser repetido, ou seja, ensinado mais de uma vez com ou sem acréscimo de novos elementos.

A **seleção** será feita com base naquilo que se acredita ser fundamental ensinar, para que o aluno atinja um domínio da língua em suas diversas variedades (dialetos, registros e modalidade oral e escrita). Estamos falando, naturalmente, do ensino/aprendizagem de Língua Portuguesa como língua materna. O que acreditamos ser fundamental ensinar depende de certas opções que fazemos e a que nos referiremos mais adiante.

A **progressão** segue princípios e critérios tais como a frequência, a complexidade e a extensividade.

A **frequência** do elemento a ser ensinado/aprendido e, portanto, a utilidade que dado elemento tem em nossa vida, pressupondo que o que é mais frequente tem mais probabilidade de ser usado e deve ser ensinado antes do que é menos frequente. Assim, por exemplo, os verbos *ser* e *estar*, embora irregulares, devem ser aprendidos pelos alunos, tanto na sua significação quanto na sua flexão, muito antes do verbo *apropinquar* (= aproximar) e muitos outros, porque certamente os alunos terão que usar muito mais aqueles do que este. Na verdade, o verbo *apropinquar*, se  for ser ensinado, o será depois também de *aproximar*, já que este é muito mais usado na língua para exprimir a ideia de pôr-se próximo, tornar-se próximo ou fazer parecer próximo. Na verdade, *apropinquar* só seria ensinado nos últimos anos do Ensino Fundamental ou no Ensino Médio se aparecesse usado em algum texto. Do mesmo modo, prefixos de uso mais frequente tais como **re-** com valor de repetição (rever, reler, recomeçar etc.) e **in-** com valor de negação (infeliz, injusto, inútil, irregular etc.) devem ser ensinados antes de outros menos frequentes, tais como **cis-** com o valor de lado de cá, aquém (cisandino, cisatlântico etc.) e **ab-** com o valor de afastamento (abjurar, abster-se etc.). O mesmo vale para todos os elementos ou recursos da língua que fazem parte da sua gramática e podem ser objeto de conhecimento linguístico e ensino gramatical, a saber:

a) *unidades* nos planos fonético-fonológico (sons, fonemas, sílabas, tonicidade etc.); morfológico (os morfemas: sufixos, prefixos, raízes e radicais e as flexões que são variações de forma de uma palavra para indicar categorias gramaticais); lexical (palavras e suas classes); sintático (sintagmas, orações, frases, períodos) e textual (os textos e seus diferentes gêneros);

b) *estruturas e construções* (ordens direta e inversa, repetição, coordenação, subordinação, elipse etc.);

c) *categorias gramaticais* (gênero, número, pessoa, tempo, aspecto, modalidade, voz) e suas formas de expressão (flexões nominais e verbais, perífrases verbais, orações, advérbios etc.);

d) recursos suprassegmentais, tais como a entonação, a pausa, a altura da voz, o ritmo da fala, o alongamento de vogais;

e) etc.

A **complexidade**, segundo a qual devemos ensinar primeiro os elementos mais simples e depois os mais complexos. Assim uma metáfora seria ensinada após a comparação por ser cognitivamente mais complexa, embora nada impeça que já nas primeiras séries trabalhemos com metáforas, até mesmo porque elas são extremamente frequentes na língua. Evidentemente a abordagem é que não poderá ser teórica, mas prática, mostrando a significação e fazendo o aluno perceber intuitivamente o mecanismo. Assim, quando ele chama alguém de *palito* ou *bambu* é porque é capaz de perceber uma semelhança de características entre alguém que é muito magro e um palito; bem como uma semelhança entre alguém que é muito magro e alto e o bambu (veja exercícios 47 a 49).

A **extensividade** que é o fato de, quando se tem vários elementos da língua (formas, construções etc.) com a mesma função ou valor, uma delas aparecer na maioria dos contextos. Assim, por exemplo, as flexões dos verbos regulares são mais extensivas do que as flexões dos verbos irregulares e devem ser ensinadas antes, embora, como já dissemos, as flexões de verbos irregulares de uso muito frequente (como ser e estar, por exemplo) devem também logo ser ensinadas, sobretudo nas formas mais comuns, de maior ocorrência. No caso das flexões dos nomes em número (singular e plural), na língua escrita, a forma que aparece na maioria dos contextos (palavras a que a flexão se aplica) é, por exemplo, o plural pelo simples acréscimo de **-s** (gatos, pentes, mãos, mães, maçãs, heróis, cajus etc.). As demais são usadas em bem menos palavras quase sempre na dependência da terminação e por vezes também da tonicidade como o plural com **-eis** em palavras paroxítonas terminadas em **-il** (répteis, fósseis etc.). Outras são: **-es** (colheres, felizes, meses, países); **-is** (canais, papéis, funis, sóis, azuis etc.); **-ns** (nuvens, sons etc.); **-ões** (limões, mamões etc.); **-ães** (pães, cães etc.). Outro exemplo é o dos pronomes relativos (que, quem, o qual, onde, cujo). O que aparece na maioria dos contextos é o **que**, o qual deve, pois, ser ensinado primeiro.

Ao estabelecer a progressão para ensinar a flexão em número na língua escrita, evidentemente ter-se-á não só a interferência da extensividade, ensinando-se primeiro a flexão por acréscimo de **-s**, mas também a da frequência, pois várias palavras que não têm o plural em -s apenas, mas são muito frequentes, precisam ter sua flexão em número ensinada logo a seguir ou em conjunto com a flexão em -s, como as palavras que elencamos no parágrafo anterior para as demais flexões, exceto a flexão que transforma **-il > -eis,** que acontece com palavras paroxítonas terminadas em -il. Essas, por sua complexidade, deverão ser ensinadas em um quarto estágio, provavelmente fora das três primeiras séries. Propomos a seguir uma gradação de complexidade para as flexões de número que, certamente, pode não ser definitiva:

a) flexão pelo acréscimo de **-s**;

b) flexão pelo acréscimo de **-es** nas palavras terminadas em **-r** e **-z**;

c) flexão pela troca de **-m** por **-ns**;

d) flexão pela troca de **-l** por **-is** no final de palavras terminadas em **-al, -el, -ol, -ul** (veja o exercício 66, no capítulo 3);

e) flexão pelo acréscimo de **-es** em palavras monossílabas tônicas (mês/meses) e oxítonas (país/países) terminadas em **-s**;

f) flexão pela troca de **-il** por **-is** nas palavras oxítonas (funil/funis, perfil/perfis) e de **-il** por **-eis** (réptil/répteis) nas palavras paroxítonas;

g) flexão pelo acréscimo de **-s** à terminação **-ão** ou troca da mesma por **-ões** ou **-ães**;

h) casos em que as palavras não variam para indicar plural, sendo, pois, invariáveis:

- as palavras paroxítonas (lápis, pires) e proparoxítonas (ônibus, bíceps) terminadas em **-s**;
- as palavras terminadas em **-x** (tórax)[2].

Para estes casos, teríamos os seguintes níveis de complexidade: 1º) **a** e **b** seriam mais simples, pois neste caso temos apenas o acréscimo de uma terminação, mediante a identificação da terminação da palavra; 2º) **c** e **d** são o grau seguinte de complexidade, porque demandam a identificação da terminação e a troca de uma terminação por outra; 3º) **e** e **f** são o terceiro grau de complexidade,

---

[2] - As palavras terminadas em **-x** são poucas: tórax, ônix, fênix. A única mais frequente é tórax. Algumas palavras terminadas em **-x** flexionam no plural, mas são pouco frequentes, porque têm variantes em **-ice** que são mais usadas, embora tais variantes também sejam pouco frequentes, por isto não devem ser ensinadas nas primeiras séries: apêndix /apêndice, cálix/cálice, códex/códice, córtex/córtice, índex/índice. Estas palavras, em qualquer forma, têm o plural pelo acréscimo de **-s** na forma variante em **-ice**.

porque demandam acréscimo de terminação ou troca com base em duas condições: identificação da terminação e verificação da tonicidade da palavra ou de seu número de sílabas; **e** é ligeiramente menos complexa que **f**; 4º) **g** é o quarto grau de complexidade, uma vez que há a possibilidade de uso de três modos de fazer o plural (aos, ões e ães) e a escolha de uma das formas não está condicionada por nada na palavra, como nos casos de **e** e **f**, que permita saber qual das flexões (aos, ões ou ães) usar. Além disso, há palavras em ão que podem ter duas e até mesmo três flexões. Os casos de não flexão de número, especificados em **h**, representam um caso à parte, porque é a não flexão, mas em termos de complexidade talvez pudessem ser emparelhados: a) com **a**, no caso de palavras invariáveis terminadas em **x**, pois se tem a terminação, só que em vez de se ter o acréscimo de uma terminação, tem-se a não flexão e b) com **e** e **f**, no caso das palavras invariáveis terminadas em **-s**, porque são necessárias a identificação da terminação e mais a verificação de sua classificação quanto à tonicidade (paroxítonas e proparoxítonas).

Como se pode ver, para ensinar todos os casos de flexão dos nomes em número é preciso, antes de dar **e** e **f** (ordenação), ensinar ao aluno a ideia de sílaba e depois a classificação da palavra pelo número de sílabas (monossílaba, dissílaba, trissílaba, polissílaba) e pela sílaba tônica (monossílabo átono ou tônico, oxítona, paroxítona, proparoxítona). Se isto não for possível, pode-se trabalhar com a simples memorização das formas singular e plural de algumas palavras mais frequentes.

A **metodologia** se configura a partir de uma série de opções que fazemos. Muitas dessas opções vão determinar o que julgamos importante selecionar como objeto de ensino.

A primeira opção é sobre qual é o nosso **objetivo** ao ensinar Português como língua materna, para falantes de Português, pois nossos alunos já chegam à escola usando pelo menos a variedade familiar da língua. Entre os vários objetivos possíveis para o ensino de língua, nossa proposta é que o objetivo fundamental seja formar um usuário competente da língua, que seja capaz de usar os diversos recursos da língua de modo adequado na construção de textos para veicular determinadas significações, produzir efeitos de sentido pretendidos em situações variadas e específicas de comunicação e, ao mesmo tempo, seja capaz de compreender os sentidos veiculados pelos textos que recebe. Portanto **o objetivo é desenvolver a competência comunicativa dos alunos**[3].

Se o usuário competente da língua deve saber usar seus recursos para produzir os efeitos de sentido pretendidos e compreender estes efeitos em textos recebidos, consequentemente o ensino deve focar no(s) sentido(s) que um recurso da língua é capaz de mobilizar em um texto. Este é sem dúvida um ponto importante para o nosso trabalho com o ensino de conhecimentos linguísticos nas séries iniciais do Ensino Fundamental, embora o seja também para qualquer nível de ensino. A proposta

3 - Veja Travaglia (2009, cap. 1).

é trabalhar muito com a contribuição de cada recurso da língua para o sentido do texto.

Para atingir este objetivo de desenvolver a competência comunicativa é fundamental trabalhar e desenvolver nos alunos as habilidades de uso da língua e, também, seu conhecimento das  contribuições dos recursos linguísticos para o sentido do que se diz. Assim sendo, deve-se trabalhar essencialmente com dois tipos de atividades propostas por Travaglia (2009) para o ensino de gramática e consequentemente o trabalho com conhecimentos linguísticos: a gramática de uso e a gramática reflexiva.

A **gramática de uso**[4], como o próprio nome diz, é um tipo de atividade em que se leva os alunos a utilizar os recursos linguísticos em frases, mas principalmente em textos, tanto na produção quanto na compreensão. Algumas atividades que se incluem nesse tipo são a confecção e modificação de frases e textos, os exercícios estruturais, muitos dos exercícios de vocabulário, atividades com variedades de língua e seu uso, como, por exemplo, passar de uma variedade para outra e as atividades de produção de textos e de leitura. Esse tipo de atividade afeta diretamente os mecanismos da língua que o aluno tem internalizados e que usa automaticamente. Não há trabalho de descrição da língua com classificação de elementos e uso

---

4 - Para saber mais, veja Travaglia (2009, cap. 9).

de nomenclaturas. Isto já é um tipo de atividade que chamamos de **gramática teórica**[5].

A gramática **reflexiva**[6] é um tipo de atividade que trabalha essencialmente com a significação dos recursos linguísticos (semântica) e sua utilização em situações específicas e concretas de interação comunicativa (pragmática). Para construir esse tipo de atividade, basta fazer exercícios que levem os alunos a ter que dizer:

a) o que significa determinado recurso da língua;

b) em que situações pode e/ou deve ser usado, com que fim, produzindo que efeito de sentido.

Além disso é sempre conveniente discutir também:

a) se outros recursos linguísticos podem ou poderiam ser utilizados no lugar daquele que foi usado;

b) levantar, comparando, os efeitos de sentido que esses diferentes recursos poderiam produzir em uma dada situação de interação comunicativa;

c) discutir com o aluno se um mesmo recurso ou recursos diferentes produzem efeitos de sentido diferentes em uma mesma situação ou em situações de comunicação diferentes.

Em todos os anos da escola, mas principalmente nas séries iniciais do Ensino Fundamental, é sempre preciso dosar o grau

---

5 - Para saber mais, veja Travaglia (2009, cap. 12) e Travaglia (2011, cap. 5).
6 - Para saber mais, veja Travaglia (2009, caps. 10 e 11).

de complexidade daquilo com que se trabalha, mas não nos parece haver problema em, por exemplo, fazer o aluno ver que as palavras **muito** e **bem** nos exemplos (1) e (2) são intensificadores da cor do céu, mas que a mesma intensificação pode ser feita pela repetição da palavra **azul,** como no exemplo (3).

(1)   O céu estava **muito** azul!

(2)   O céu estava **bem** azul!

(3)   O céu estava **azul, azul, azul!**

Além disso, pode-se mostrar que o alongamento da vogal em muito e bem é um recurso da língua para que a intensidade marcada por estas palavras seja maior que sem o alongamento, como em (4) e (5).

(4)   O céu estava **muiiiiito** azul!

(5)   O céu estava **beeem** azul!

Nada impede também que a partir de um uso da palavra **bem** como intensificador se leve o aluno a perceber em outros textos que esse recurso da língua (uma palavra) pode contribuir com outros sentidos na constituição de um texto, dependendo daquilo com que aparece combinado na sequência linguística. Veja-se então os exemplos (6) a (8):

(6)   Aquele menino canta **bem.**

(com perfeição, bonito)

(7)   Meu irmão está passando **bem.**

(está com saúde)

(8)   Devemos fazer o **bem** a todos.

(ações de bondade, favor, benefício)

Evidentemente há outros valores e sentidos de "bem" que o professor deve decidir da oportunidade ou não de trabalhar com seus alunos em dado momento. Mas se aparece em sala de aula, seja em textos dos alunos ou de outrem, sempre é bom aproveitar a oportunidade.

Nas atividades de gramática reflexiva pode-se discutir também se há diferença de sentido entre usar muito, bem ou a repetição de azul – como nos exemplos (1) a (3) –, mas se isto será feito ou não depende da série em que se está trabalhando, mas, antes de tudo, do grau de desenvolvimento dos alunos. De todo modo, em algum momento, isto deverá ser feito, porque recursos diferentes, usados para um mesmo fim de significação, geralmente apresentam uma diferença de sentido. Nos exemplos de (1) a (3), pode-se perceber uma gradação de intensidade na seguinte ordem crescente: *bem* > *muito* > *azul, azul, azul*. Além disso, no caso da repetição usada em (3), parece haver uma certa admiração do falante que não aparece com o uso de *bem* e de *muito*.

Se o objetivo fundamental do ensino é o desenvolvimento da competência comunicativa, temos de ver a **língua** como **uma forma de interação**, ou seja, entender que usamos a língua para agir na sociedade, que dizer alguma coisa é fazer algo. Como sempre fazemos algo dirigido a outrem que reage, a língua é não apenas uma forma, um instrumento de ação em sociedade, mas de interação, porque sempre temos o outro que reage e que também diz. Por isto é que se diz que a língua é essencialmente dialogal, pois mesmo quando escrevemos um texto, e não só na interação face a face, como na conversação, temos que considerar o outro: o que ele sabe ou julgamos que sabe, suas crenças, o quanto da língua ele domina etc. Esta é a nossa opção quanto à **concepção de linguagem** a ser adotada, pois, na proposta de ensino que se faz aqui, ela não é vista nem como forma de "expressão do pensamento", nem como "código ou instrumento de comunicação", numa visão não interacional[7].

Como estamos tratando de ensino de conhecimento linguístico, temos de decidir qual **concepção de gramática** vai orientar nosso trabalho. Existem três concepções básicas de gramática:

a) **Gramática** é o mecanismo da língua que está em nossa mente e que nos permite usar a língua em situações de interação comunicativa. É, portanto, uma gramática **internalizada**. Este mecanismo representa o conhecimento linguístico não explícito que temos e é com ele que dizemos o que queremos e compreendemos o que os outros nos dizem, usando-o "automaticamente";

b) **Gramática descritiva** ou teoria linguística ou gramatical que busca dizer como é o mecanismo da língua, como a língua é constituída e como funciona. Esta

---

7 - Para saber mais sobre concepção de linguagem, veja Travaglia (2009, cap. 2).

gramática será pouco usada como objeto de ensino nas salas de aula, principalmente nas primeiras séries, mas seu conhecimento pelo professor é importante para que ele possa selecionar o que ensinar e saber organizar o ensino;

c) **Gramática normativa** que nos dá as regras sociais de uso da língua e suas variedades. Hoje a gramática normativa não se reduz a apenas dizer como é a norma culta ou, como se tem dito, norma urbana de prestígio, mas nos ensina quando se pode e/ou se deve usar cada variedade da língua.

Entendemos que o professor deve trabalhar com as três concepções básicas de gramática tendo consciência do que é cada uma e como ela pode ser utilizada no trabalho em sala de aula:

a) a *teórica* deve ser conhecida o melhor possível pelo professor, mas servirá principalmente de subsídio, apoio para a estruturação e composição das atividades de ensino, mas será minimamente objeto de ensino nas atividades de sala de aula. Deve-se dar o mínimo necessário apenas para a identificação de elementos básicos da língua e para servir como meio na comunicação entre o professor e alunos ao falar sobre a língua, com diversos fins. Tendo em vista o que já dissemos até agora, deve-se dar pouca ênfase à teoria gramatical e focalizar mais detidamente as possibilidades significativas dos recursos linguísticos;

b) a *normativa* deve ser trabalhada, mas não dizendo ao aluno que ele só pode usar a variedade urbana de prestígio e estigmatizando as demais variedades. O que se deve fazer é a orientação do aluno quanto ao uso das muitas variedades da língua nos diferentes tipos de situação. Como o ensino da norma culta é importante, pode-se, sempre que possível, mostrar ao aluno se um dado uso é ou não culto;

c) a gramática *internalizada* não é objeto de ensino, porque inclusive não se tem acesso direto a ela, mas é ela que buscamos incrementar ao desenvolver a competência comunicativa. Ou seja, as atividades visam dotar o mecanismo internalizado pelo aluno de recursos e possibilidades que até então ele não dominava.

Considerando o que acabamos de dizer sobre as variedades da língua, uma outra opção que a escola tem de fazer é a respeito das **variedades linguísticas** com que trabalhar. Como se sabe, temos os seguintes tipos de variedades linguísticas:

A) Dialetos: variedades linguísticas de acordo com o usuário da língua em função da região onde mora, do grupo social em que se insere, da idade, do sexo, da época em que vivemos e da função que se tem na sociedade. No Português não temos variação de função;

B) Modalidades: variedades linguísticas de acordo com o meio sonoro ou visual em que a língua acontece. Há, portanto, a língua oral e a escrita;

C) Registros: variedades linguísticas de acordo com o uso que se faz da língua, ou seja, os registros dependem mais de para quem estamos dizendo algo, da situação em que estamos dizendo algo e também do que estamos dizendo. Os registros são variações de **grau de formalismo** e também do que se convencionou chamar de **sintonia**. O *grau de formalismo* são variações conforme usemos uma linguagem mais ou menos elaborada, com recursos mais ou menos complexos e de uso mais erudito ou corrente. A *sintonia* são as variações que acontecem porque buscamos nos adequar ao outro e/ou à situação em quatro dimensões distintas:

a) o *status* da pessoa a quem nos dirigimos. Por exemplo, estamos dizendo algo a nosso colega de escola ou ao professor ou ao diretor da escola; estou falando com meu amigo ou meu patrão. A pessoa a quem me dirijo é uma autoridade ou não? Quanto maior o *status* social da pessoa a quem dizemos algo, tendemos a ser mais formais, usando uma linguagem mais elaborada, e também mais corteses, por exemplo. Se a pessoa a quem nos dirigimos é um técnico em algum assunto, tendemos a usar uma linguagem mais técnica: assim o professor de Português, para falar de uma mesma coisa, usa menos nomenclatura linguística com seu aluno de 1º a 5º anos (ex.: 9a) do que usa ao falar com seu colega professor (ex.: 9b); já o médico, por exemplo, fala de um jeito com o paciente e de outro com seus colegas médicos e com os enfermeiros.

(9)   a) Veja que estas duas palavras são faladas/escritas do mesmo jeito, mas têm sentidos diferentes./Esta palavra significa X.

    b) Aqui temos dois homônimos./Este substantivo/adjetivo/verbo etc. significa X.

b) a **cortesia**, pois mudamos nosso modo de dizer conforme queiramos ser mais gentis, educados ou não. Veja o exemplo (10) em que **a** é menos cortês, revelando pouca gentileza e educação do falante, e **b** é mais cortês, gentil, revelando maior educação do falante.

(10)   a) Sai da frente, sô. Não tá vendo que eu quero passar?

    b) Eu preciso passar. Você/O(A) senhor(a) poderia me dar licença, por favor?

c) a **tecnicidade,** em que temos uma variação devida ao fato de usarmos ou não uma linguagem própria de uma área de conhecimento que chamamos de linguagem técnica. É o que vimos no exemplo (9) e que referimos sobre a linguagem usada pelo médico ao falar com outro médico. Há uma linguagem técnica própria da Linguística, da Medicina, da Botânica, da Zoologia, da Engenharia, da Matemática etc.

d) a **norma** em que temos uma variação porque o falante busca se adequar ao que ele julga que seu ouvinte acha adequado ou bom em termos de linguagem. Assim o aluno faz determinados usos em um texto que produziu em sala de aula, levando em conta aquilo que ele hipotetiza que o professor vai considerar bom. Também temos este tipo de variação quando um adulto fala com uma criança de um a três anos, por exemplo, imitando seu modo de falar.

Como se pode perceber, essas dimensões todas de variação não são separadas. Se estamos em uma situação em que temos especialistas de uma área de conhecimento, tenderemos a usar uma linguagem mais técnica, se a conhecermos, mas ao mesmo tempo uma linguagem mais formal e também cortês. Se a pessoa com quem falamos tem para nós um determinado *status*, podemos ser mais ou menos formais, mais ou menos corteses e assim por diante. Tendemos a falar como o pessoal de nossa região, da nossa idade, do nosso sexo, do nosso tempo e do meio social em que vivemos.

Diante desse quadro a escola pode optar, nas primeiras séries, por trabalhar com os alunos, de modo bem concreto e com praticamente nenhuma teorização, o seguinte, em termos de variação linguística:

a) quanto aos *dialetos*, trabalhar com uma variedade linguística contemporânea, da região em que se está trabalhando. Conforme a oportunidade, é bom mostrar variações dialetais de região, aproveitando oportunidades como quando os alunos assistem a vídeos ou a programas de televisão em que falam pessoas de outras regiões, ou leem textos que registram dados de dialetos regionais ou quando têm colegas de outras regiões. Quanto às demais dimensões dialetais, somente se houver o encontro com as mesmas, na vivência do aluno, como, por exemplo, quando eles encontram gírias que são variações sociais, mostrando o *status* das mesmas na sociedade, ou observam que meninos e meninas usam a língua de modo diferente. Assim, por exemplo, notar que uma menina dirá "Eu estou cansada", enquanto um menino vai dizer "Eu estou cansado", tendo em vista a relação do gênero (masculino x feminino) com o sexo do falante;

b) quanto às *modalidades oral e escrita* da língua é preciso, tendo em vista o processo de alfabetização e letramento, mostrar as diferenças entre as duas, não só na relação som e letra (por exemplo: que posso falar **u** ou **i** no final de uma palavra, mas escrever **o** ou **e**: vento, copo/pente, tomate), mas também na diferença de recursos entre uma e outra, sempre que possível: por exemplo, a questão da entonação na língua oral e de como se pode ou não registrá-la na língua escrita; a questão dos marcadores conversacionais[8]; a pontuação que busca marcar, na escrita, as pausas e entonações da fala, mas também auxiliar a organização cognitiva das informações apresentadas, do mesmo modo que a entonação e as pausas o fazem na língua oral etc. Muitas vezes se mostra aos alunos que produtores de textos escritos podem utilizar recursos de língua oral em certas variedades linguísticas, para produzir determinados efeitos de sentido (veja no capítulo 3 o item "Variação linguística – Língua oral x língua escrita/culto x não culto/formal x informal ou coloquial);

---

8 - Marcadores conversacionais são recursos principalmente da língua oral e são palavras ou sons que os falantes usam no início ou final de sequências linguísticas para mostrar coisas como que está atento, que compreendeu etc. e também para chamar a atenção do outro, verificar se ele está ouvindo, acompanhando o que se diz etc. Por exemplo: **Olha**, você não está me ouvindo./Este é o nosso objetivo, **entendeu**?/**Sei**. ou **Hã hã!**/Eu gosto muito de viajar, **né**? etc.

c) quanto aos *registros*, cremos que é suficiente fazer o aluno das primeiras séries do Ensino Fundamental perceber a diferença entre uma linguagem mais formal e uma mais coloquial, entre uma linguagem mais cortês e outra menos cortês e finalmente ter a noção de que variamos nosso modo de dizer conforme o *status* da pessoa a quem nos dirigimos: assim ele pode perceber que, mesmo que faça um bilhete, este será diferente se for para um colega de sala, um amiguinho da sua rua ou para a professora, ou a diretora. Pode-se levá-lo a produzir solicitações a pessoas que representem autoridades no seu meio, para que ele seja orientado a usar uma linguagem mais formal conforme o caso. Nos textos da escola e da vida fora da escola, seja nos livros didáticos, nas revistas, nos jornais, nos programas de TV a que assiste etc., o aluno certamente encontrará alguma linguagem técnica que neste caso deve ser devidamente explicada como tal e, se possível, comparada com uma linguagem não técnica.

Como se pode ver, as variedades linguísticas, embora separadas para efeito didático de estudo e organização de percepção de suas características, sempre acontecem imbricadas entre si e muitas vezes uma provoca o aparecimento de outras. Assim vimos que o *status*, a tecnicidade, a cortesia podem acarretar uma linguagem mais formal.

Dois fatos relativos às variedades linguísticas que importa ressaltar são: a) a questão do preconceito linguístico; b) a questão da norma culta.

Cabe ao professor, desde as primeiras séries do Ensino Fundamental, combater o que chamamos de preconceito linguístico. É muito comum as pessoas de uma região e/ou grupo social discriminarem pessoas de outras regiões e de outros grupos sociais em função de seu modo de usar a língua. É preciso mostrar ao aluno que isto não deve acontecer, uma vez que, mesmo que as diversas formas de linguagem possam ter na sociedade uma marca positiva ou negativa, todas são igualmente válidas. Pode caber mais tarde uma orientação de que o uso da linguagem de determinadas maneiras pode acarretar estigmas, em função dos valores que a sociedade atribui a determinadas formas de linguagem. É o caso da oposição entre a variedade culta ou urbana de prestígio, como se vem dizendo, e a não culta.

Cabe à escola ensinar a variedade culta da língua e o professor não pode se furtar, desde as primeiras séries, a fazer isto, mas pode fazê-lo sem inculcar preconceitos ou falsos conceitos sobre a questão. É que atualmente a **gramática normativa**[9], como dissemos, chama a atenção sobre as variedades existentes e seus recursos próprios, mostrando-as como possibilidades de uso da língua e deixando claro que:

---

9 - Veja sobre as atividades de caráter normativo no ensino dos recursos da língua em Travaglia (2009, cap. 13).

a) todas são válidas e capazes de veicular sentidos que pretendemos na interação comunicativa com os outros;

b) que a sociedade estabelece normas sociais de uso das variedades de acordo com as diferentes situações em que estamos inseridos e que há situações em que se tem uma exigência social de uso da norma culta. Assim, não se diz ao aluno que ele não pode usar a variedade que aprendeu em seu meio familiar e social, mas que há um modo de usar a língua que é recomendado usar em situações específicas, mostrando aos poucos quando se deve usar a norma culta e como ela é.

Ao abordar esta questão com o aluno, o professor deve sempre fazê-lo de forma bem prática, mostrando concretamente qual é a forma não culta e qual é a culta. Preleções teóricas sobre isto geralmente não funcionam. Sem dúvida o uso da norma culta na escola (pelo professor, nos textos apresentados etc.) também serve como uma forma de ensino, já que o aluno tem muita facilidade de assimilar o que se lhe apresenta.

Assim, se o aluno usa uma forma verbal que não está de acordo com a norma culta, cabe ao professor esclarecer qual é a norma culta, orientando para o uso desta. É preciso lembrar que neste aspecto há diferenças entre a língua escrita e a oral. Vejamos alguns exemplos:

(11) Eu <u>vô</u> **ponhá** o livro na mesa, professora.

(12) Quero que você **seje** feliz.

(13) Nós **vai** <u>no</u> cinema hoje.

No exemplo (11) temos a forma "ponhá" para o verbo pôr, usada no lugar do infinitivo "pôr", e que ocorre em algumas regiões do Brasil. Esta forma não é da norma culta e, portanto, não deve ser usada, nem na língua oral nem na escrita, quando se pretende usar a variedade culta da língua. Para o aluno, basta dizer que não é norma culta e que a forma na norma culta é "pôr". A forma "vô" sem ditongo, para a 1ª pessoa do singular do presente do indicativo do verbo "ir", é comum na língua oral, porque, na fala, o ditongo "ou" é quase sempre reduzido para a vogal "ô". Assim, na língua falada a forma "vô" é de uso, mesmo para falantes cultos, bem como o pretérito perfeito dos verbos de 1ª conjugação em geral (comprô, falô, cantô, levô etc.). Isto numa postura que não exige para a língua oral o mesmo que se tem na escrita, fazendo desta um parâmetro para aquela. Na língua escrita a norma culta exige a forma com o ditongo "ou": vou, comprou, falou, cantou, levou etc. Na língua falada, para uma norma culta mais estrita, seria necessário uma pronúncia mais "caprichada" para produzir as formas com o ditongo. No exemplo (12) temos a forma "seje", para a 3ª pessoa do singular do presente do subjuntivo. Esta forma não é da norma culta, seja falada, seja escrita, então basta dizer ao aluno que falar ou escrever "seje" não é norma culta e que para usar a norma culta ele deve falar ou escrever "seja": Quero que você seja feliz. No exemplo (13), a colocação do verbo na 3ª pessoa do singular com um sujeito de 1ª pessoa do plural é uma concordância não admitida pela norma culta nem no oral, nem no escrito, então é preciso dizer ao aluno que ele deve dizer "Nós vamos ao cinema hoje" para ter norma culta. Nos primeiros anos do Ensino Fundamental, a concordância pode ser trabalhada com exercícios de repetição, substituição ou transformação[10] (ver exemplos 14 a 16), entre outros, que podem ser feitos oralmente e/ou por escrito, para ajudar o aluno a dominar a forma culta e mesmo automatizá-la, mas regras de concordância não serão dadas teoricamente. Todavia, pode-se, aos poucos, levá-lo a ter consciência de que há uma norma culta e que certas coisas podemos fazer na norma não culta, mas não na norma culta. Ainda no exemplo (13) há o uso da preposição "em" com o verbo de movimento "ir", o que, segundo a norma culta, não deveria ocorrer. Apesar de aceitável na oralidade, parece que a norma culta ainda pede o uso da preposição "a" e, por isso, deve-se dizer ao aluno que para a norma culta ele deve, pelo menos na língua escrita, dizer "Nós vamos ao cinema hoje". Em momentos como este pode-se orientar o aluno para o uso da preposição/palavra (palavra para o aluno, já que ele ainda não terá o conceito de preposição) "a" ou "para", não só com o verbo ir, mas também com outros verbos de movimento: Ir ao clube/Chegar ao clube/à

---

10 - Esses exercícios são exercícios estruturais que em sala de aula podem tomar formas diversas, pois as formas tradicionais desses exercícios, aqui apresentadas, podem ser monótonas. As crianças adoram quando são feitos como um jogo, principalmente os de substituição e transformação, quando trabalhados como um jogo de modificação de frases. Para saber mais sobre exercícios estruturais, veja Travaglia, Araújo e Pinto (2007).

festa/Viajar para São Paulo/Correr para os braços da mãe/Correr para a sala de aula.

(14) Repetição

(P – professor /A – aluno)

P – Você vai ao cinema.

A – Você vai ao cinema.

P – Nós vamos ao cinema.

A – Nós vamos ao cinema.

P – Eu e você vamos ao cinema.

A – Eu e você vamos ao cinema.

P – Eles vão ao cinema.

A – Eles vão ao cinema.

P – Mamãe e papai vão ao cinema.

A – Mamãe e papai vão ao cinema.

P – Mamãe e eu vamos ao cinema.

A – Mamãe e eu vamos ao cinema.

P – Nós vimos o filme.

A – Nós vimos o filme.

P – Nós gostamos do filme.

A – Nós gostamos do filme.

(15) Substituição com concordância.

P – José comprou um livro.

A – Repete

P – Nós

A – Nós compramos um livro.

P – Um brinquedo

A – Nós compramos um brinquedo.

P – Quebrar

A – Nós quebramos um brinquedo.

P – Achar

A – Nós achamos um brinquedo.

P – Ganhar

A – Nós ganhamos um brinquedo.

P – José

A – José ganhou um brinquedo.

P – Comprar

A – José comprou um brinquedo.

P – Um livro

A – José comprou um livro.

(16) Transformação (modelo)

P – Eu comprei o ingresso para o cinema.

A – Nós compramos o ingresso para o cinema.

Aqui trabalha-se a alternância das primeiras pessoas do singular e do plural do pretérito perfeito do indicativo dos verbos da primeira conjugação. Em outros exercícios pode-se trabalhar a alternância entre 3ª do singular e do plural, 3ª do singular e 1ª do plural e assim por diante. Depois serão trabalhadas as demais conjugações e também,

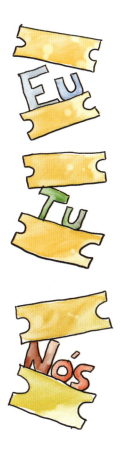

simultaneamente, a flexão do verbo e a concordância do verbo com o sujeito. Neste exercício, nas frases seguintes o professor diz a frase com a 1ª pessoa do singular do pretérito perfeito, para o aluno dizer com a 1ª pessoa do plural. As transformações podem ser muitas, mas em cada exercício deve ser constante, para o aluno se basear no modelo.

P – Eu comprei o ingresso para o cinema.

A – Nós compramos o ingresso para o cinema.

P – Eu ganhei um prêmio da escola.

A – Nós ganhamos um prêmio da escola.

P – Eu contei a história para meu irmão.

A – Nós contamos a história para meu irmão.

P – Eu lavei as frutas antes de comer.

A – Nós lavamos as frutas antes de comer.

P – Eu desenhei um cartão de Natal.

A – Nós desenhamos um cartão de Natal.

Finalmente é preciso fazer uma opção quanto ao **plano e nível da língua** com que e em que vamos trabalhar.

Os **níveis da língua** por que podemos optar são o *lexical*, o *frasal* e o *textual-discursivo*. Propomos que o trabalho seja desenvolvido sempre no nível textual-discursivo. Isto implica tratarmos os recursos da língua a partir de seu funcionamento em textos, usados em situações concretas de interação comunicativa, mostrando como e com o que cada tipo de recurso ou recurso em particular pode contribuir na constituição dos textos e ao mesmo tempo na sua compreensão, já que produção e compreensão de textos são faces inseparáveis da mesma moeda. Essa contribuição dos recursos da língua para a constituição dos textos será vista tanto no que respeita a suas funções, quanto no que é atinente aos sentidos que colocam em jogo. Os níveis lexical e frasal não serão excluídos, mas devem servir de apoio, à medida que neles se pode identificar recursos da língua.

Os **planos da língua** são o *fonético-fonológico* (em que temos os sons e fonemas da língua); o *morfológico* (em que temos os morfemas da língua, ou seja, as flexões, prefixos, sufixos, radicais e raízes); o *sintático* (em que temos as construções); o *semântico* (em que temos os significados dos itens lexicais – palavras e expressões –, as relações de significação entre estes itens como sinonímia, antonímia, hiponímia e hiperonímia, campos semânticos e campos lexicais etc.); e o *pragmático* (em que temos o uso dos textos nas situações por usuários concretos, o que nós dá os atos de fala – jurar, prometer, ameaçar, afirmar etc. – e as significações que variam de acordo com a situação de uso). Para o pleno domínio da língua pelo aluno devemos trabalhar com todos estes planos, mas enfatizando sempre as possibilidades de função e significado dos recursos em cada plano.

Temos falado muito em **recursos da língua** com que vamos trabalhar em sala de aula. Gostaríamos de registrar agora que estes recursos são basicamente os seguintes:

a) todas as **unidades** da língua nos *planos*:

- fonético-fonológico: sons, fonemas, sílabas;
- morfológico: morfemas: sufixos, prefixos, flexões – mudanças de forma para indicar categorias gramaticais – raízes ou radicais;
- sintático: sintagmas, locuções, orações, frases, períodos simples ou compostos;
- semântico: semas = traços de significado de uma palavra, campos semânticos;
- pragmático: atos de fala;
- e nos *níveis*:
  - lexical: palavras;
  - e textual: os textos e suas diferentes categorias: tipos/subtipos, gêneros e espécies;

b) todas as formas de **construção** (repetição, ordem direta ou inversa, a ordem em geral, coordenação, subordinação etc.);

c) as **categorias gramaticais**:

- gênero: masculino x feminino;
- número: singular x plural;
- pessoa: primeira, segunda, terceira;
- tempo: passado, presente, futuro;
- modalidade: certeza, incerteza/dúvida, possibilidade, necessidade, obrigação, desejo, ordem;
- voz: ativa, passiva, reflexiva;

▸ aspecto[11]:

- quanto à duração da situação: pontual, durativo, indeterminado, habitual, iterativo;

- quanto às fases de realização da situação: não começado, começado, acabado;

- quanto às fases de desenvolvimento da situação: inceptivo, cursivo, terminativo;

- quanto à fase de completamento: imperfectivo, perfectivo;

d) **recursos suprassegmentais** tais como entonações, pausas, altura de voz, ritmo, velocidade de elocução/fala, alongamento de fonemas, separação de sílabas na fala;

e) outros.

Para perceber a importância das **categorias gramaticais,** observe-se o exemplo (17), em que temos vários textos possíveis, mudando apenas a **modalidade** (categoria do verbo pela qual o falante revela sua atitude em relação ao que fala que pode ser de certeza, incerteza/dúvida, possibilidade, necessidade, obrigação, desejo, ordem etc.).

(17) Sobre o fato de "João vender sua casa" podemos fazer diferentes textos constituídos por

---

11 - O aspecto é uma categoria do verbo pouco conhecida. Para saber mais, consulte Travaglia (2006).

uma única frase em que se muda apenas a modalidade, indicada entre parênteses, em azul. Os recursos linguísticos responsáveis pela expressão da modalidade indicada, chamados de *modalizadores*, aparecem nos segundos parênteses após a frase, na cor vermelha.

a) João *vendeu* sua casa.
(certeza) (O modo indicativo - pretérito perfeito)
b) *Talvez* João *venda* sua casa
(dúvida/possibilidade) (O advérbio talvez e o modo subjuntivo - presente)
c) *É possível* que João *venda* sua casa.
(possibilidade) (A oração principal "é possível" e o modo subjuntivo – presente)
d) *Possivelmente* João venderá sua casa.
(possibilidade) (O advérbio "possivelmente")
e) João *pode* vender sua casa.
(possibilidade) (O verbo auxiliar "poder")
f) João, pode vender sua casa.
(permissão) (O verbo auxiliar "poder" na fala direta com João)
g) João *tem que/de* vender sua casa.
(obrigação) (O verbo auxiliar "ter" + que ou de, formando a expressão "ter que" com o verbo principal no infinitivo)

h) João, *venda* sua casa.

(ordem) (O modo imperativo)

i) *Tomara que* João *venda* sua casa.

(desejo) (A interjeição "tomara" e o modo subjuntivo - presente)

j) Nós *queremos* que João *venda* sua casa.

(desejo) (O verbo "querer" na oração principal e o modo subjuntivo – presente)

k) *É preciso* que João *venda* sua casa.

(necessidade) (A oração principal "é preciso" e o modo subjuntivo – presente)

l) João *precisa* vender sua casa.

(necessidade) (O verbo auxiliar "precisar" + infinitivo)

Como certamente os alunos das séries iniciais não têm os conceitos teóricos por trás da terminologia identificadora dos recursos modalizadores, o professor dir-lhes-á que essas ideias de certeza, dúvida, possibilidade, obrigação, necessidade, ordem, desejo são indicadas pela palavra X (em vez de advérbio x, verbo auxiliar x, interjeição x) ou pela expressão Y (em vez de oração principal y, verbo auxiliar y + que/de) ou por uma forma do verbo (se já tiver o conceito de verbo) ou uma forma Z da palavra P: a forma venda/vendeu da palavra/verbo "vender" (em vez de modo indicativo, imperativo ou subjuntivo e de presente, pretérito perfeito etc.) até porque essa ideia de modo e forma verbal flexional (presente, pretéritos imperfeito, perfeito e mais que perfeito, futuro do presente e futuro do pretérito do indicativo e presente, pretérito imperfeito ou futuro do subjuntivo e imperativo afirmativo ou negativo só vão ser postas dessa forma para o aluno a partir do 6º ano do Ensino Fundamental).

No ensino de língua, a última opção configuradora da metodologia a ser usada é se queremos **formar um usuário** competente da língua **ou um analista da língua**. Por tudo o que dissemos até aqui, fica evidenciado que nossa opção é por formar um usuário competente da língua, pois, embora a análise dos elementos constitutivos da língua e sua função possa ser útil para alguns profissionais, em certas circunstâncias, o que importa para a totalidade das pessoas é saber usar a língua com competência comunicativa, sabendo produzir textos que façam os efeitos de sentido que se pretende nas situações concretas de interação comunicativa e também saber perceber os efeitos de sentido produzidos pelos textos que chegam até nós em nossa vida.

Considerando os pontos básicos que expusemos neste capítulo, vamos, no capítulo 2, apresentar um elenco de conhecimentos linguísticos que julgamos básicos para o ensino de Português nas séries iniciais do Ensino Fundamental e propor um modo de trabalhar com estes conhecimentos linguísticos a partir das opções feitas e que apresentamos neste capítulo 1.

Para além da sala de aula

Nesta seção, queremos lembrar-lhe obras, algumas das quais foram referidas no correr dos capítulos, cuja leitura seria interessante, tendo em vista o que é tratado neste livro: o ensino de gramática para o desenvolvimento de conhecimentos linguísticos na alfabetização e no letramento, mas não só...

Ensino de gramática

▸ TRAVAGLIA, Luiz Carlos; ARAÚJO, Maria Helena Santos; PINTO, Maria Teonila de Faria Alvim. *Metodologia e prática de ensino da Língua Portuguesa.* Porto Alegre: Mercado Aberto, 1984. 160p. (4ª ed. rev. 2007, 232p.)

• O uso dos exercícios estruturais para o ensino de aspectos diversos da língua é uma técnica que não pode ser desprezada. Aqui você encontra orientações seguras de como fazê-lo.

▸ TRAVAGLIA, Luiz Carlos. *Gramática e interação – Uma proposta para o ensino de gramática no 1º e 2º graus.* São Paulo: Cortez, 1996 (13ª ed., 2009)

> • Este livro, após apresentar bases importantes para o ensino de gramática em qualquer nível, faz uma proposta de como concretizar este ensino por meio de quatro tipos de atividade de ensino de gramática, denominadas "gramática de uso", "gramática normativa", "gramática reflexiva" e "gramática teórica" com farta exemplificação. Sua leitura certamente ajudará muito a concretizar o que se propõe neste livro.

▸ TRAVAGLIA, Luiz Carlos. *Gramática*: ensino plural. São Paulo: Cortez, 2003 (5ª edição revista, 2011)

> • Também dedicado ao ensino de gramática, este livro aborda questões importantes ligadas ao trabalho com a gramática em sala de aula e aprofunda alguns elementos tratados no livro *Gramática e interação.*

▸ TRAVAGLIA, Luiz Carlos. Que análise linguística operacionalizar no ensino de Língua Portuguesa? Artigo 12. In: TAGLIANI, Dulce; SILVA, Elaine Nogueira da; OLIONI, Raymundo da Costa; FEIJÓ, Rodrigo Nunes (Orgs.). *Anais do II Seminário Nacional sobre Linguística e Ensino de Língua Portuguesa – O ensino de Língua Portuguesa no séc. XXI*: desafios e possibilidades. Rio Grande do Sul: FURG, 2010. Disponível em: <www.ileel.ufu.br/travaglia> na página PRODUÇÕES POR ÁREA > ENSINO DE LÍNGUA MATERNA.

> • Artigo que mostra os dois tipos básicos de análise que o professor pode realizar com os alunos no ensino de gramática, sugerindo que se privilegie a análise relacionada à significação e função dos recursos da língua nos textos.

▸ TRAVAGLIA, Luiz Carlos. A gramática na escola/Língua Portuguesa: o ensino de gramática. *Salto para o Futuro - Boletim.* v. 3, *Um mundo de letras*: práticas de leitura e escrita. p. 73-97, abr./2007. Disponível em: <www.ileel.ufu.br/travaglia> na página PRODUÇÕES POR ÁREA > ENSINO DE LÍNGUA MATERNA.

Livros sugeridos para ações literárias

1º ANO

▶ RAMOS, Cláudia (Texto e ilustrações). *Margô.* São Paulo: Cortez, 2011.
- Um texto simples, mas inspirador de amor à natureza. Oportuniza a leitura tanto do texto linguístico quanto das imagens que se complementam. Certamente uma boa obra para ajudar o multiletramento de seus alunos.

▶ PESTILI, Ellen (Texto e ilustrações). *Quando Nina ficou doente.* São Paulo: Cortez, 2012.
- Uma narrativa que mostra a amizade entre um menino e sua cadelinha e as aflições dele quando ela adoece. De forma interessante no conjunto entre o texto linguístico e as imagens ajuda a perceber como fazer trabalhos diversos auxilia a enfrentar os problemas da vida.

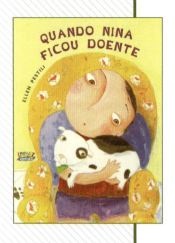

▶ FRANCO, Olívia de Melo. *Quantos nomes tem um menino?* Ilustrações: Simone Matias. Belo Horizonte: Dimensão, 2011.
> • Olívia Franco, com um texto divertido e boa dose de poesia, e Simone Matias, com ilustrações belíssimas, apresentam ao leitor um menino que tem um nome (como todos nós) e muitos apelidos (como quase todos nós). Assim, vamos descobrindo as muitas e encantadoras facetas que um menino pode ter.

▶ CUNHA, Leo. *Castelos, princesas e babás.* Ilustrações: Gilles Eduar. Belo Horizonte: Dimensão, 2011.
> • Leo Cunha e Gilles Eduar apresentam um conto cumulativo com humor e criatividade. Um acontecimento comum – o desaparecimento de um gorrinho – propicia uma narrativa dinâmica, passagens de muito afeto e um verdadeiro desfile de personagens curiosíssimas.

▶ RONCA, Sandra (texto e ilustrações). *Coitada da raposa!* São Paulo: Cortez, 2008.
> • Roubaram algo da raposa. Para descobrir o ladrão, a coruja investiga, segue as pistas... Mas que surpresa no final da investigação! Descubra com seus alunos o que aconteceu.

↘ **CAPÍTULO 2**

Conhecimentos linguísticos: o que ensinar e como ensinar – Trabalhando com projetos de ensino

Ensina-se o básico, mas típico e espera-se que o conhecimento e as habilidades se alastrem.

O que ensinar na área de conhecimentos linguísticos nas primeiras séries do Ensino Fundamental? Como ensinar?

Um dos grandes problemas enfrentados pelo(a) professor(a) é a seleção do que ensinar. No capítulo anterior, apresentamos alguns critérios e opções que podem nos ajudar nesta tarefa. Neste capítulo, o objetivo é apresentar um levantamento de prováveis tópicos de trabalho e de como trabalhá-los. No levantamento de tópicos, buscamos esboçar um conjunto básico de conhecimentos linguísticos que julgamos o mínimo a ser trabalhado nas séries iniciais do Ensino Fundamental. Como se verá, este elenco parece muito abrangente, mas o que não se pode esquecer é que até onde ir, de acordo com o nível dos alunos, é que é importante. Além disso, a forma de abordagem (teórica, uso, normativa e reflexiva) é muito importante, e nas séries iniciais o foco deve ser essencialmente o uso e a reflexão, destacando a significação. Na intenção de propor um modo de trabalhar estes tópicos, propomos uma forma de abordar o conhecimento linguístico, por meio de uma estratégia que denominamos de *"projetos"*, apresentando exemplos de atividades de ensino/aprendizagem para um dos projetos (O estudo da comparação) de forma mais ampla.

2.1 O que trabalhar

Apresentamos aqui um levantamento do que julgamos pertinente seja trabalhado em termos de conhecimentos linguísticos, como um mínimo a ser abordado nas séries iniciais do Ensino Fundamental. Usamos a terminologia da teoria gramatical/da linguística, para facilidade de identificação dos mesmos, mas sempre que possível fazemos pequenos comentários que ajudam a delimitar o que se trabalha em cada caso. Reiteramos que a ênfase ao produzir as atividades deve ser no uso condicionado pela significação (produção e percepção de sentidos) e não a metalinguagem, que é usada para identificar os tópicos a serem abordados. Neste elenco de tópicos apresentamos exemplos apenas quando julgarmos necessário para a compreensão do(a) professor(a). Por vezes, remetemos a outras fontes que podem ajudar a compreender melhor e saber mais. A consulta a gramáticas sobre cada tópico é sempre recomendada, mas o colega professor não deve se entusiasmar e querer ensinar tudo nas séries iniciais.

Vejamos o rol de tópicos do que pode ser trabalhado.

I) Classes de palavras[12]

1) Substantivo: mostrar que existem palavras que dão nome aos seres (pessoas, animais, plantas, coisas, objetos, lugares, sentimentos, enfim tudo o que existe).

2) Adjetivo: evidenciar a expressão de características. Neste caso pode-se, conforme a oportunidade, trabalhar também com as *locuções adjetivas* (A caixinha *de ferro* guardava um segredo) e as *orações adjetivas* (A caixinha *que era de ouro* guardava um segredo). Trabalhar também com adjetivos pátrios para os quais a característica apresentada é o lugar (cidade, região, país etc.) em que alguém ou alguma coisa nasceu e/ou da qual se origina, é produzido etc.

3) Verbo:

a) *Conceito* – mostrar que o verbo tem duas funções básicas: a) ligar uma característica a um ser (verbos de ligação: Maria *é/está/parece/ficou/permaneceu/anda* bonita); b) exprimir ações, fatos, fenômenos, sentimentos.

b) *Valores dos verbos de ligação*, mostrando que embora liguem uma característica a um ser, têm diferenças de significação.

---

12 - Embora haja muitas propostas de classificações de palavras, optamos pela classificação tradicional, que é a mais conhecida. Todavia, no caso das preposições e conjunções, as reunimos no superordenado conectivos, destacando sua função que é a de ligar e relacionar palavras, orações e ideias. Para outras classificações possíveis, veja: Câmara Jr. (1970), Perini (1995) (cf. também Perini, 1978), Schneider (1977), Travaglia (2011, cap. 5).

4) Pronomes:

a) *Interrogativos*: palavras interrogativas, ou antes, palavras que usamos para fazer perguntas.

b) *Pessoais*: palavras que se referem a quem fala, com quem se fala, ou de quem ou do que se fala. Mostrar ainda a função coesiva dos pronomes pessoais de 3ª pessoa, quando substituem e se referem a nomes que já apareceram no texto, evitando a repetição.

c) *Possessivos*: mostrar que é um dos recursos para indicar posse de algo, função que é compartilhada com outros recursos como a preposição "de" em expressões do tipo "a casa *de João*". Mostrar também a sua função coesiva substituindo e/ou retomando algo que já apareceu no texto: João mora nesse bairro. *Sua* (= *de João*) casa é grande e bonita.

d) *Indefinidos*: palavras para nos referirmos aos seres de modo não preciso (alguém, ninguém, todos, alguns, muitos, vários etc.). Mostrar que muitos deles também indicam quantidade, uma quantidade indefinida (muitos, vários, diversos, alguns, poucos, muitos, todos etc.).

5) Numerais: palavras relacionadas com os números de diversos modos, sobretudo os que exprimem quantidade (cardinais) e ordem (ordinais). Os multiplicativos e fracionários, se aparecerem, o que levará a falar apenas dos de uso mais frequente: dobro, triplo, metade, meio, décimo etc.

6) Conectivos: *preposições* e *conjunções* trabalhando sobretudo o seu sentido, a sua significação e no caso das conjunções a sua função da coesão referencial por conexão (veja também o item X – Relações entre orações e sua expressão).

7) Os **advérbios** aparecem particularmente no estudo da expressão de lugar, tempo e modo, intensidade, junto com outros recursos que exprimem também essas mesmas ideias.

8) Outras classes de palavras, como **artigo** e **interjeição**, serão vistas conforme apareçam, destacando a sua significação nos textos: a interjeição como manifestando emoções; e o artigo com diversos valores (veja item 2.2.2.2), mas basicamente indicando se o ser que ele acompanha é conhecido do produtor e/ou recebedor do texto (**o** e suas flexões **os, a, as**) ou desconhecido (**um** e suas flexões **uns, uma, umas**).

II) As categorias gramaticais

Gênero, número, pessoa, tempo, modalidade, voz, aspecto.

A) Categorias dos verbos

a) *Modalidade*: exprime nossa atitude em relação ao que dizemos: certeza, incerteza/dúvida, possibilidade, necessidade, desejo, obrigação, ordem (veja exemplo no capítulo 1).

b) *Tempo/épocas*: passado, presente, futuro e formas de expressão. Mostra-se ao aluno:

- que é *passado* quando aquilo de que falamos aconteceu/ocorreu ou existiu antes do momento em que estamos falando (João vendeu sua casa/João tinha vendido sua casa, João vendia sua casa/João tinha uma casa).

- que é *presente* quando aquilo de que falamos ocorre no momento em que estamos falando ou é válido neste momento (João está vendendo sua casa/A casa de João está à venda/Eu estudo no Colégio São João).

- que é *futuro* quando aquilo de que falamos vai ocorrer, existir depois do momento em que estamos falando (João vai vender sua casa/João venderá sua casa).

No que diz respeito às formas de expressão do tempo verbal, destacar-se-ão sobretudo as mais usadas:

- para o *passado*: os pretéritos imperfeito (João *vendia* sua casa, quando ganhou na loteria), perfeito (João *vendeu* sua casa) e o pretérito mais-que-perfeito composto (João *tinha vendido* sua casa, quando ganhou na loteria), todos do indicativo. Na medida do possível estas formas serão automatizadas pelos alunos no uso (com muita frequência já o foram antes que chegassem à escola) e buscaremos mostrar a diferença entre elas: a) o pretérito imperfeito indica um fato passado em pleno curso e muitas vezes simultâneo a outro que geralmente aparece no pretérito perfeito; b) o pretérito perfeito indica um fato passado completo; e c) o pretérito mais-que-perfeito indica um fato passado já acabado e anterior a outro também passado.

▶ para o *presente*: a perífrase de *estar* (no presente do indicativo) + *gerúndio* (João *está vendendo* sua casa) é a forma mais usada hoje no Português para exprimir o presente, e o presente do indicativo (João *tem* uma casa/João *está* em casa). Como o presente do indicativo geralmente indica hábito (João *nada* sempre no riacho perto da sua casa) ou fato válido para todos os tempos, uma verdade universal (A água *ferve* a 100ºC), o que se diz nestes casos vale para todos os tempos, inclusive o presente. O presente do indicativo é usado para indicar presente mais com os verbos estáticos ou de estado, como os de ligação (João *é/está/continua* muito forte) e outros como ter, possuir, estar em etc. (João *possui* uma casa/João *está* em sua casa). Com os verbos dinâmicos (ação, fatos, fenômenos) o presente do indicativo exprime mais o hábito (João *estuda* todas as manhãs) ou a verdade universal (As flores *surgem* mais na primavera) e oportunamente isto pode ser mostrado aos alunos.

▸ para o *futuro*: o futuro do presente (João *venderá* sua casa) ou a perífrase formada pelo verbo *ir (no presente do indicativo) + infinitivo* (João *vai vender* sua casa) que é a forma mais usada hoje e o aluno precisa saber que indica futuro.

c) *voz*: apenas a *ativa*, a *passiva* e a *reflexiva*, levando o aluno a perceber que o verbo indica:

▸ *na ativa*: que um <u>ser</u> fez, realiza, realizou ou realizará algo: <u>João</u> *vendeu* a sua casa. <u>João</u> *pulou* muitas vezes na piscina.

▸ *na passiva*: que um <u>ser</u> foi objeto de uma ação, sofreu o efeito de uma ação, realizada por outrem que pode ou não estar explícito na frase: <u>A casa</u> *foi vendida* por João/<u>A casa</u> *foi vendida*/<u>Maria</u> *foi premiada* por seu poema. – Mostrar que a forma é sempre com o verbo ser + particípio [a forma com **–ADO(A)**].

▸ *na reflexiva*: que um <u>ser</u> ao mesmo tempo faz uma ação e sofre o efeito dessa ação): <u>João</u> *penteou-se* para ir à festa./<u>João</u> *feriu-se* com a faca quando descascava uma laranja.

d) *aspecto*: é a indicação do tempo interno de uma situação e indica a duração desta ou uma de suas fases. A seguir apresentamos uma lista dos aspectos possíveis (para saber mais, veja Travaglia, 2006). Quanto ao aspecto podemos, nas séries iniciais, mostrar apenas que uma situação indicada pelo verbo pode:

Quanto à duração:

- ser durativa, limitada, contínua (aspecto *durativo*): *Estou lendo* o livro que a professora indicou.
- ser durativa, limitada, descontínua, o que dá uma ideia de repetição (aspecto *iterativo*): *Tenho visitado* minha avó.
- ser durativa, ilimitada, contínua (aspecto *indeterminado*): Minha cidade *é* muito quente/A Terra *gira* em torno do sol./João não *gosta* de *videogame*.
- ser durativa, ilimitada, descontínua (aspecto *habitual*): João *brinca* com os amigos todas as tardes.
- não ter duração percebida (aspecto *pontual*): *Achei* meu livro. João *pulou* o muro.

Quanto à fase de realização:

- ser não começada (aspecto *não começado*): A casa *está por limpar*.
- começada (aspecto *começado*): *Estamos limpando* a casa.
- acabada (aspecto *acabado*): Já *tínhamos limpado* a casa quando mamãe chegou.

Quanto à fase de desenvolvimento:

- estar nos primeiros momentos (aspecto *inceptivo*): *Estamos começando a limpar* a casa.

- estar em pleno curso (aspecto *cursivo*): *Estamos limpando* a casa.
- estar nos momentos finais (aspecto *terminativo*): *Estamos terminando de limpar* a casa.

Quanto à fase de completamento:

- ser apresentada como completa (aspecto *perfectivo*): *Limpamos* a casa para mamãe./*Dei* um banho em meu cachorrinho.
- ser apresentada como incompleta (aspecto *imperfectivo*). É o caso dos exemplos anteriores quanto à fase de desenvolvimento. Outros exemplos: Os alunos *estão se preparando* para a semana de ciências./Pedrinho *dava* banho em seu cachorrinho quando ouviu um barulho estranho.

É preciso ressaltar que, como o aspecto é uma categoria complexa e pouco conhecida, o professor deve tratar apenas as noções que aparecerem muito claras nos textos e/ou forem importantes para a compreensão do mesmo. A terminologia não deve ser usada e apenas mostrar, por exemplo, que há um hábito ou uma coisa que é apresentada como sempre válida (uma verdade eterna), se a situação tem uma duração maior ou menor ou não tem duração, é pontual, se é apresentada como começada ou não.

Sobre a categoria de pessoa e de número para os verbos, veja nos dois itens a seguir.

B) Categorias dos nomes

a) *número*: devemos mostrar aos alunos que a categoria de número (singular x plural) é um recurso da língua para indicar quantidade de seres de uma maneira não muito precisa: *um* (**singular**: gato, menino, mês, perdiz, colher, anão etc.) ou *mais de um* (**plural**: gatos, meninos, meses, perdizes, colheres, anões etc.). Mostrar oportunamente que para indicar quantidades mais precisas, exatas, é preciso usar, por exemplo, numerais cardinais (três gatos) ou substantivos coletivos indicadores de um certo número no conjunto (uma dúzia de gatos). Atenção: muitos coletivos, assim como pronomes indefinidos, indicam quantidade não precisa: um *bando* de gatos, *alguns* gatos). O aluno precisa aprender as flexões de número (veja flexões) para os substantivos e todos os seus determinantes (adjetivos, pronomes, artigos, numerais ordinais e alguns cardinais: dois x duas) que com ele concordam. Como já dissemos no capítulo 1, há critérios para escolher o que ensinar e em que ordem.

O número nos verbos é apenas consequência da concordância com os sujeitos e deve ser trabalhado na concordância, embora os alunos devam aprender, por meio de atividades de uso, as várias formas verbais, conforme já dissemos.

b) *gênero*: o gênero (masculino x feminino) deve ser trabalhado essencialmente na concordância dos determinantes com o substantivo, guardando pelo uso o que é masculino e o que é feminino. É preciso deixar claro que embora haja uma relação com sexo (homem x mulher ou macho x fêmea), não é a mesma coisa, pois muita coisa que não tem sexo tem gênero: mesa, carro, foguete, mangueira etc. Além disso, há palavras que têm um gênero e servem para pessoas de ambos os sexos: o cônjuge (masculino e se aplica a um homem ou a uma mulher casados), a criança (feminino). Outros quase sempre referentes a animais têm um só gênero e, para dizer qual o sexo, temos de usar as palavras macho e fêmea (a cobra, o jacaré). E há outras palavras que só têm uma forma e o sexo é indicado pelas palavrinhas **o** e **a** (ou seja, o artigo), conforme se refiram a um homem ou a uma mulher: o dentista, a dentista, o colega, a colega, o fã, a fã.

Caso apareça, é interessante mostrar ao aluno que às vezes palavras de forma idêntica, mas gêneros diferentes, têm significação diferente, como, por exemplo: a cabeça (parte do corpo) x o cabeça (chefe); o capital (dinheiro de que se dispõe para fazer algo) x a capital (cidade sede de um estado ou país ou de alguma atividade: a capital do morango).

Certamente o aluno deverá aprender a flexão para exprimir gênero, começando pela forma mais frequente que é trocar a terminação do masculino por **a** (gato x gata, parente x parenta), seguida do acréscimo de **a** (cantor, cantora); da troca de **ão** por **ã, oa** ou **ona** (irmão x irmã; leão x leoa; valentão x valentona); a troca de **eu** por **ia** ou **eia** (judeu x judia; plebeu x plebeia) e ainda por outras terminações mais raras e até mesmo a troca do item lexical (homem x mulher; boi x vaca etc.). É importante lembrar sempre os critérios da frequência, da complexidade e da extensividade. Embora a regra da troca de uma terminação **(o, etc.)** por **a** seja a mais extensiva, palavras muito frequentes dos outros casos também entram no ensino das primeiras séries. Já palavras de pouco uso como rajá x rani só serão tratadas se surgirem por alguma razão em sala de aula nos textos de estudo e dos alunos.

C) A categoria de pessoa

A categoria de pessoa, como o próprio nome diz, refere-se à pessoa do discurso. Ela vai ser indicada pelos pronomes pessoais e o verbo muda de forma para concordar com a pessoa do sujeito, daí ele ter uma desinência (flexão) número-pessoal, além da modo-temporal.

a) *primeira*: refere-se à pessoa que fala e é representada pelos pronomes pessoais (eu, nós/me, mim, comigo, nos, conosco) e pelos pronomes possessivos (meu, minha, nosso, nossa). Geralmente o plural não indica várias pessoas que falam em conjunto, mas um conjunto de falantes em que aquele que fala se inclui.

b) *segunda*: refere-se à pessoa com quem se fala, sendo representada pelos pronomes pessoais (tu, vós/te, ti, contigo, vos, convosco; você, vocês/o, lhe, com você, com vocês) e pelos possessivos (teu, tua, vosso, vossa) e também seu(s) e sua(s), quando o possuidor é você. Aqui é preciso lembrar que tu e vós (e portanto te, ti, contigo, vós e convosco) são pronomes pessoais pouco usados no Português contemporâneo brasileiro, em que a segunda pessoa, seja do singular, seja do plural, praticamente não é mais usada, a não ser em algumas regiões, sendo substituída por *você* e *vocês* que se referem à pessoa com quem se fala, mas levam o verbo para a terceira pessoa. Assim, geralmente, nas primeiras séries não é preciso trabalhar a segunda pessoa com tu e vós e correspondentes. Apenas em séries mais avançadas (geralmente a partir do 6º ou 7º anos e no Ensino Médio) se tratará dos casos de uso de tu e vós. Caso o(a) colega professor(a) dê aulas em uma região onde se usa ainda a segunda pessoa com tu, vós e demais pronomes correspondentes deverá sem dúvida levar isto em conta em função do uso local (veja que ao falar de variedades linguísticas no capítulo 1, falamos que o professor trabalhará sempre com uma variedade contemporânea **local**, mesmo quando ensina a norma culta).

c) *terceira*: refere-se àquilo de que se fala e muitos dizem que é uma não pessoa em oposição à primeira e à segunda. Os pronomes pessoais que a expressam são "ele(a), eles(as), o(s), a(s), se, si, consigo", sendo expressa também pelos possessivos "seu(s), sua(s)", que geralmente são substituídos por dele(s) e dela(s) para evitar ambiguidade com seu(s) e sua(s), quando o possuidor é você ou vocês. Os alunos precisam perceber que os pronomes pessoais de terceira pessoa, principalmente **ele** e suas flexões e **o** e suas flexões, têm um papel importante na coesão referencial substituindo e retomando elementos que já apareceram no texto.

III) Vocabulário

O ensino de vocabulário é fundamental no letramento e falaremos sobre ele mais detidamente no capítulo 4. Por enquanto vamos apenas dizer que no ensino de vocabulário se pode tratar dos fatos especificados a seguir, o que vai resultar em tipos de exercício de ensino de vocabulário diferentes para tratar cada fato relativo ao léxico. Nem tudo pode ser trabalhado nas primeiras séries do Ensino Fundamental, mas seguindo os critérios apresentados no capítulo 1, é plausível tratar preferencialmente de elementos ligados aos itens em itálico a seguir (1 a 10 e 13 b, c):

1) *Diferentes sentidos da mesma palavra.*

2) *Diversas palavras com o mesmo sentido.*

3) *Sinônimos:*

    a) *Sentido de palavras;*

    b) *Sentido de expressões;*

    c) *Diferenças de sentido entre sinônimos* – Campos semânticos. A diferença de sentido entre sinônimos só deve ser trabalhada nas séries iniciais do Ensino Fundamental com diferenças bem concretas e também com diferenças facilmente perceptíveis, de modo que o aluno comece a perceber que não existem sinônimos perfeitos e que disso depende qual sinônimo é melhor utilizar.

4) *Antônimos.*

5) *Homônimos* (palavras iguais na fala e/ou na escrita, mas de sentido diferente).

6) *Parônimos* (palavras quase iguais, mas de sentido diferente). Só será trabalhada a diferença entre parônimos muito frequentes ou que apareçam nos textos usados em sala de aula.

7) *Hiperônimos e hipônimos*. Também só serão trabalhados se aparecerem nos textos usados.

8) *Formação de palavras*:

a) *Prefixos – prefixação;*

b) *Sufixos – sufixação;*

c) *Composição* – radicais e raiz. Mostrar a composição apenas em casos bem simples e evidentes e de uso mais frequente: beija-flor, guarda-roupa etc.;

d) *Siglas*. Mostrar como são feitas e o que significam as usadas em textos ou no meio social dos alunos (sigla da escola, dos bancos da cidade, de órgãos da prefeitura etc.);

e) Outros processos que porventura ocorram em material usado em sala de aula.

9) *Uso do dicionário*. Começar a ensinar como usar o dicionário: organização alfabética das palavras, vários sentidos de cada palavra e como selecionar o que serve para o contexto de uso da palavra nos textos e situações.

10) *Onomatopeias*. Como são frequentes e muito usadas em textos infantis, trabalhar sua significação: que som imitam.

11) Operadores argumentativos.

12) Operadores discursivos.

13) Outros pontos importantes no ensino do vocabulário:

a) *Denotação e conotação*. Não vamos tratar este conceito, embora se possa mostrar denotações e conotações em vários sentidos da mesma palavra. A metáfora poderá ser trabalhada como uma das formas de comparação;

b) *Sentido geral e específico*: neste caso trabalham-se os chamados termos ônibus (trem, coisa, negócio etc.). Se houver oportunidade, mostrar que muitas vezes usamos palavras que cabem no lugar de muitas outras e que em certas circunstâncias é preciso usar a palavra mais específica para se fazer entender melhor. É o caso de "ver" usado por "perceber", "compreender", "observar" etc.;

c) *Léxico e variedades linguísticas*: se houver oportunidade, comentar que determinadas palavras são mais usadas ou exclusivas de uma variedade linguística. Se aparecem no texto, devem sempre ser correlacionadas com a variedade linguística a que pertencem;

d) *Estrangeirismos*: apenas se ocorrerem nos textos, mostrar que são palavras de outra língua e qual é o correspondente em Português, quando houver. Na ortografia, mostrar que alguns já têm forma aportuguesada e outros continuam com a forma da língua de origem;

e) *Campos lexicais*: começar a mostrar aos alunos que há grupos de palavras que usamos para falar de determinadas coisas;

f) *Utilização do cotexto e do contexto* para saber o significado.

IV) Concordância

Mostrar ao aluno que muitas palavras na frase e no texto mudam de forma para ficar de acordo com outra(s) de que dependem ou com que estão relacionadas:

1) Concordância nominal: trabalhar a concordância em gênero e número nos casos mais frequentes e comuns: a) do adjetivo e outros determinantes (artigo, numerais, pronomes) com o substantivo a que se ligam diretamente (função de adjunto adnominal): *As minhas duas* irmãs mais *novas*; b) e do adjetivo que se liga ao substantivo por meio do verbo de ligação (complemento predicativo): A minha *irmã* está *bronzeada/alegre/*etc./As minhas *irmãs* estão *bronzeadas, alegres.*

2) Concordância verbal: trabalhar a concordância do verbo em número e pessoa com o sujeito, nos casos mais comuns e simples, ligados às regras gerais.

V) Flexão

1) Nominal

a) *Gênero*: trabalhar a variação de forma para indicar masculino e feminino. Geralmente será trabalhada em conjunto com a concordância e com a expressão dessa categoria gramatical.

b) *Número*: aprender a variação de forma para indicar singular e plural. Também será geralmente trabalhada em conjunto com a concordância e com a expressão dessa categoria.

2) Verbal

a) *Modo-temporal*: aprender a variação de forma para indicar basicamente o tempo (passado, presente e futuro – Cf. as formas indicadas anteriormente em II-A-b), com alguma variação de modalidade marcada pela flexão (quase sempre apenas certeza e incerteza e ordem no caso do imperativo) e com alguma diferença aspectual marcada pela flexão como ser incompleta, durativa e em curso (com o pretérito imperfeito do indicativo) ou completa (com o pretérito perfeito do indicativo).

b) *Número-pessoal*: trabalhar a variação de forma para indicar pessoa e número, geralmente em conjunto com a concordância, em exercícios com variação de pessoa e número do sujeito.

VI) Formação de palavras

Será trabalhada nos exercícios de vocabulário (cf. III e capítulo 4), destacando a derivação (prefixal e sufixal), a composição em casos mais simples e de palavras frequentes e as siglas. É importante mostrar como o sentido dos morfemas componentes das palavras nos ajuda a saber o significado da palavra formada. No caso de as cognatas mostrarem que são palavras correlacionadas por sua base de significação.

VII) Construções

1) *Repetição*: mostrar alguns efeitos de sentido conseguidos com a repetição como:

a) intensidade: O céu estava **azul, azul, azul**.

b) duração maior ou prolongada de uma ação ou acontecimento: O menino **andou, andou, andou**, mas não encontrou o que procurava.

c) ênfase, como com o polissíndeto (repetição da conjunção): O menino cantava **e** pulava **e** rodopiava **e** mostrava o que ganhara mostrando a sua alegria com o presente. Compare com: "O menino cantava, pulava, rodopiava **e** mostrava o que ganhara mostrando a sua alegria com o presente" em que a repetição da conjunção "e" é substituída pela vírgula na enumeração, mas as ações do menino perdem a ênfase.

d) outros efeitos que aconteçam, como o embelezamento da frase que o aluno das séries iniciais pode sentir, mas não compreender e explicar, não devem ser abordados.

2) *Inversão*: mostrar alguns efeitos de sentido conseguidos com a inversão como:

a) ênfase: Esta linda menina é filha de Raquel. A filha de Raquel é esta menina linda.

b) mudança de sentido: Encontramos um homem pobre x Encontramos um pobre homem. Um homem pobre = sem dinheiro ou riqueza; um pobre homem = um homem sofredor, digno de pena por sua condição, mesmo que seja rico.

c) Outros efeitos só deverão ser mostrados se forem evidentes para o aluno como, por exemplo, o envolvimento emocional: Meu filho não mente x Filho meu não mente, em que a segunda forma mostra uma defesa com forte envolvimento emocional.

3) A *elipse*, nas primeiras séries, será trabalhada principalmente no que se refere a sua participação na coesão referencial, em que ela substitui ou retoma por Ø (zero) algo que já apareceu antes no texto. Tem a função de tornar o texto mais leve ao evitar repetições.

4) Outras construções com valores interessantes e evidentes que aparecerem nos textos podem ser comentadas.

VIII) Expressão de noções semânticas diversas

Estas noções semânticas foram escolhidas por serem importantes na produção/construção dos textos e sua compreensão. Geralmente elas têm recursos vários de expressão, por vezes numerosos. Nas séries iniciais trabalhamos apenas com os recursos mais frequentes, mais usados, mas é bom que o professor tenha consciência da existência de outros recursos.

1) *Expressão de tempo e frequência*: por meio de advérbios, adjuntos adverbiais e orações temporais[13] que para os alunos das séries iniciais serão identificados respectivamente apenas como palavras, expressões e trechos. Podemos mostrar que a expressão de tempo tem nuanças diversas, indicando-se, por exemplo, momento, tempo anterior, posterior, concomitante, imediato ou não etc. O tempo não será expresso apenas por elementos adverbiais, mas por muitos outros recursos[14], como: as formas verbais; substantivos (dia, hora, minuto, semana, mês, manhã, primavera, época, período, bimestre etc.); datas; adjetivos (atrasado, temporário, atual etc.); etc.

2) *Expressão de lugar*: também por meio de advérbios (palavras) e adjuntos adverbiais (expressões).

3) *Expressão de modo:* tanto por advérbios e pronomes (palavras: Meu primo saiu *apressadamente/Como* você conseguiu me achar?) ou adjuntos adverbiais (expressões: Meu primo saiu *às pressas*) ou orações (trechos: Meu primo saiu *sem se despedir*).

---

13 - Também as orações chamadas tradicionalmente de *proporcionais* têm uma implicação temporal, pois ao correlacionar dois fatos, entende-se que, no tempo de desenvolvimento de um, outro se realiza.

14 - Sobre os recursos de expressão de tempo, veja mais em Travaglia (2011, cap. 4, item 4.2.3, p. 64 e ss.), pois são muito mais numerosos do que apenas advérbios, adjuntos adverbiais e orações.

4) Comparação: feita pelos mais diferentes recursos, tais como: que nem, feito, como, parecer, semelhante, semelhantemente, mais/menos... que/do que (grau comparativo)[15].

5) Frequência: já falamos da frequência ao falar do tempo, porque muitas vezes ela é tomada como tempo, mas na verdade trata-se de outra noção indicada por recursos como: sempre, muitas vezes, de vez em quando, de ano em ano, todo dia etc.

6) Quantidade e ordem: a quantidade pode ser indicada por uma série de recursos[16] que devem ser trabalhados conforme aparecem, embora se possa, a partir de um recurso, buscar outros, contrastando-os. Como já foi dito, a categoria de número (singular x plural) é um recurso de expressão de quantidade bem como numerais e pronomes indefinidos. Os numerais indicam quantidades determinadas, exatas em número (cardinais), em ordem (ordinais) e relativas a algo conhecido (multiplicativos e fracionários). Também exprimem quantidade: substantivos coletivos (Havia um *enxame* no coqueiro); o artigo definido que indica quantidade total (Esse menino comeu *a* rapadura); o indefinido (quantidade aproximada: Ele tem *uns* 20 anos); as construções partitivas (Bebeu *do suco* que fiz); substantivos

---

15 - No item 2.2, ao falar sobre como organizar o ensino por meio de "projetos", apresentamos um levantamento de recursos de expressão da comparação, tomado a Travaglia (2011, cap. 4, item 4.2.3, p. 69 e ss.), para depois exemplificar com atividades para o ensino de comparação.
16 - Veja um levantamento de recursos para expressão de quantidade em Travaglia (2011, cap. 2, p. 35 e ss.).

indicadores de partes, porções (pedaço, fatia, pitada etc.), substantivos que são nomes de recipientes que indicam quantidades determinadas (um copo de..., uma colher de..., uma xícara de... – Cf. receitas), ou substantivos que são nomes de medidas (quilo, metro, litro etc.); expressões (um monte de, uma carrada de etc.); adjetivos (único, duplo); sufixos como **-udo** (cabeludo, barbudo etc.), **-ada** (meninada etc.), **-oso** (cheiroso, valoroso etc.) e **-ENTO** (oleento, poeirento etc.) e prefixos como **uni-, bi-, tri-** etc.

7) *Intensidade:* já mostramos que a intensidade pode ser expressa, por exemplo, por advérbios (bem, muito, bastante, tão, demais), pela repetição, pela inversão, pelo alongamento da vogal.

8) Etc.

Quando há muitos recursos para exprimir algo, pode-se mostrar a diferença entre eles, evidenciando que cada um o faz de modo diferente. Assim acontece com o tempo, a comparação, a quantidade etc. A classificação do recurso em uma classe não será importante nas séries iniciais, mas sim que o recurso exprime determinada noção semântica e como o faz.

IX) Relações entre orações e sua expressão

Estas relações estão diretamente ligadas à coesão sequencial por conexão em que conectores diversos (incluindo as conjunções) estabelecem relações entre os fatos expressos em cada oração. Os conectores implicam sempre a expressão de certas noções semânticas. Neste sentido, são um pouco semelhantes ao que vimos em VIII.

1) *Oposição ou contrajunção*: aqui se trabalha essencialmente com as orações tradicionalmente chamadas de adversativas (com as conjunções mas, porém, todavia, contudo, entretanto, no entanto) e com as concessivas (com as conjunções embora, apesar de, mesmo que etc.) e outros conectores como "ao contrário, por outro lado, já, agora" (Meu filho gosta de esportes, já/agora meu marido gosta mesmo é de ler). Não importa nas séries iniciais a distinção dos dois tipos de contrajunção, apenas que o aluno perceba que estão sendo opostas duas ideias, dois pensamentos etc.

2) *Adição, adjunção, soma de ideias*: aqui temos o trabalho com as orações tradicionalmente classificadas como aditivas (com as conjunções e, nem, não só... mas também, tanto ... quanto etc.), mas não apenas com elas, pois há outros conectores de adjunção como "além disso, ainda, também", entre outros.

3) *Alternância*: aqui temos as orações alternativas (com as conjunções ou, ou... ou, seja... seja, ora... ora, quer... quer, já... já), mostrando a opção entre duas ou mais possibilidades, ações ou simplesmente a alternância entre elas.

4) *Causa, razão, motivo/consequência:* antes de mais nada é preciso mostrar aos alunos que normalmente a uma causa corresponde uma consequência. Na expressão de causa/razão/motivo e da consequência estão implicados muitos tipos de orações. A causa é expressa geralmente nas orações tradicionalmente chamadas de explicativas, causais, condicionais, finais, com suas respectivas conjunções/conectores. Já a consequência é expressa geralmente nas orações tradicionalmente chamadas de conclusivas e consecutivas também com suas conjunções e conectores[17]. O que importa nas séries iniciais é que o aluno perceba causas e consequências e sua inter-relação. Nos exemplos de (18) as causas estão em negrito e as consequências estão sublinhadas.

> **(18)** a) <u>Meu irmão não quis jogar,</u> **porque estava com a perna doendo.** (Causa na oração causal)
>
> b) <u>Ele não quis jogar,</u> **pois não gosta de futebol.** (Causa na oração explicativa)
>
> c) **Se você não gosta de futebol,** <u>não jogue.</u> (Causa na oração condicional)
>
> d) **Ele não gosta de futebol,** <u>portanto não quis jogar conosco.</u> (Consequência na oração conclusiva)
>
> e) **Ele jogou tanto futebol,** <u>que ficou com a perna doendo.</u> (Consequência na oração consecutiva)

---

17 - Para saber mais sobre a diferença na expressão da causa e da consequência por diferentes tipos de orações e conjunções/conectores, veja Travaglia (2009, cap. 11, caso 1, p. 180 e ss.).

f) <u>Venha à minha casa</u> **para eu te entregar seu presente.** (Causa como finalidade na oração final)

5) *Finalidade*: como se viu no item anterior, a finalidade, o fim, que aparece nas orações subordinadas adverbiais finais, é de certo modo uma razão, um motivo, uma causa, para fazer algo que permite chegar a este fim (Veja exemplo 18f). A nuança de finalidade deve ser mostrada aos alunos junto com a causa, quando esta for bem presente.

X) Coesão referencial

(Palavras que substituem e retomam outras)

Aqui o que se vai mostrar para os alunos é que muitos recursos da língua como pronomes pessoais, demonstrativos, possessivos, indefinidos, relativos, numerais, advérbios, nomes e sintagmas nominais definidos etc. e mesmo a elipse substituem ou retomam elementos que já apareceram antes no texto, contribuindo para a construção e o entendimento deste. Por outro lado tornam o texto mais leve ao evitar repetições desnecessárias[18].

---

18 - Para saber mais sobre coesão, veja Koch (1989). Há edições mais recentes dessa obra.

XI) Coesão sequencial

A **coesão sequencial** será abordada nas séries iniciais por meio do trabalho com as relações entre orações (cf. IX).

XII) Diferentes formas da nossa língua

(Variação linguística)

Já falamos sobre o trabalho com variedades linguísticas, especialmente no capítulo 1. Aqui queremos registrar que nas séries iniciais devemos trabalhar com os alunos as seguintes oposições entre as variedades da língua, para que eles percebam fatos básicos e essenciais em sua formação e domínio da língua:

1) Oral x escrito – fundamental na alfabetização e letramento;

2) Formal x coloquial;

3) Culta x não culta;

4) Dialetos regionais.

XIII) Valores de recursos específicos da língua

Com frequência convém trabalhar com valores diferentes de um recurso específico da língua. Isto sempre depende das questões surgidas em sala de aula, dificuldades dos alunos em perceber e compreender sentidos originados de significação e/ou função diferente de um dado recurso. Alguns casos muito frequentes que podemos lembrar são:

1) Valores do sufixo **-inho**;

2) Valores do sufixo **-ão**;

3) Valores do sufixo -**eiro**;

4) Valores da palavra "como";

5) Valores de outros recursos (cf. repetição, alongamento de vogais etc.) que eventualmente tenham muitos valores diferentes e apareçam nos textos usados em sala. O caso de diversos sentidos de uma palavra será trabalhado na parte do vocabulário (cf. III e capítulo 4).

XIV) Valores e funções de certos componentes da frase

1) Chamamento = vocativo.

2) Intercalação de esclarecimentos, explicações, equivalências = aposto.

XV) Pontuação

É um conhecimento específico da língua escrita e podemos trabalhar, mostrando quando usar:

1) Ponto final: para indicar que uma frase acabou.

2) Ponto de interrogação: para mostrar que se trata de uma pergunta e que a frase acabou.

3) Ponto de exclamação: para mostrar que a frase deve ter uma entonação reveladora de alguma emoção, ênfase etc. e que a frase acabou. Após interjeições, em que a função é a mesma: marcar a entonação reveladora de emoção na fala.

4) Vírgula:

a) em listagens;

b) no vocativo;

c) no aposto;

d) outros casos que ocorram e que precisem de esclarecimento.

5) *Dois-pontos*: para introduzir listagens, exemplos; para introduzir a fala de um personagem no discurso direto e a mudança de pessoa que fala nos diálogos.

6) *Reticências*: em casos que ocorrerem nos textos trabalhados mostrando sua função em cada caso.

7) *Aspas*: para destacar uma palavra que está sendo citada ou mostrar que ela é estrangeira, se estes casos ocorrerem: A palavra "José" é um nome com duas sílabas/Ela levou seu cachorrinho ao "pet shop".

8) Outras pontuações e casos, apenas se ocorrerem e demandarem esclarecimento por alguma razão.

Atividades de leitura oral são necessárias para que os alunos aprendam a relacionar pontuações (e também informações lexicais no texto) com uma elocução que inclua pausas, ritmo de leitura, ênfase e entonações que preservem conexões lógicas entre partes do texto e também que sugiram emoções e o colorido do dizer, sem o qual se tem uma leitura em um tom único, monótono que pode, inclusive, prejudicar a compreensão do texto. Essa prática permitirá que essa forma de ler ocorra também na leitura silenciosa.

XVI) Ortografia

Apresentamos aqui apenas alguns casos que merecem a atenção do professor, sem a intenção de ser exaustivos.

1) **h** no início de palavras e em dígrafos: nh, lh, ch;

2) Letra maiúscula em início de frase e em nomes próprios;

3) Divisão silábica no final da linha – as regras de divisão silábica, necessárias a quem precise dividir sílabas em final de linhas;

4) Dígrafos qu, gu;

5) Dígrafos pl, pr, dr, tr, gr etc.;

6) r e rr;

7) Uso de ss, s, c, ç, sc para o som [s];

8) Uso de z, s, x para o som [z];

9) Uso de **o** ou **u** e de **e** ou **i** no final de palavra;

10) Uso de **m** antes de **p** e **b** e de **n** antes das demais consoantes;

11) Grafia de AM (átono, no final do pretérito perfeito do indicativo: compraram) e ÃO (tônico, no final do futuro do presente: comprarão);

12) Etc.

Há uma série de **conhecimentos linguísticos** que dizem respeito diretamente à aquisição da **variedade escrita da língua** e, portanto, estão muito relacionadas com o processo de alfabetização e letramento. Há várias competências e habilidades que precisam ser automatizadas e dominadas na aquisição da escrita. Essas competências e habilidades se organizam em níveis que serão desenvolvidos um por vez, mas também ao mesmo tempo. Tais competências e habilidades implicam um conhecimento linguístico, cujo domínio é necessário, sendo que o domínio de alguns deles é compartilhado com a língua oral (habilidades e competências de C, D e E na listagem abaixo). A seguir lembramos alguns desses conhecimentos linguísticos[19], buscando organizá-los mais ou menos na ordem em que seriam trabalhados.

A) Habilidades básicas para a escrita[20]:

a) habilidades motoras e capacidade de desenhar as letras (manualmente ou digitando-as);

b) identificar as letras em sua forma manual ou impressa;

c) correlacionar as letras com o som da fala;

d) agrupar as letras em sílabas e em palavras.

B) Conhecimentos e habilidades para atender a convenções da língua escrita:

a) da ortografia: não vamos trabalhar neste livro com atividades para o ensino de ortografia (veja em XVI alguns casos que merecem atenção);

---

19 - Neste livro não daremos exemplo de trabalho com vários desses conhecimentos, considerando que serão abordados em outros livros da coleção que tratam de ortografia e sistemas de ortografia, alfabetização, leitura, escrita, reescrita.

20 - Não vamos trabalhar neste livro com os conhecimentos envolvidos nas habilidades e competências dos itens A, B (a, c, d, e), C, D (b,c), E e F. Veja nota 19.

b) da pontuação: serão apresentados alguns exemplos do trabalho com a pontuação, chamando a atenção para o que deve ser focado nas séries iniciais (veja item XV);

c) de distribuição do escrito na página: a colocação do título, geralmente centralizado e em destaque no topo da página; o uso de margens; afastamento do início da linha para marcar novo parágrafo; mudança de linha em novos parágrafos e para marcar mudança de interlocutor; divisão silábica, necessária quando é preciso dividir palavras em final de linhas; diagramação em geral;

d) a distribuição do conteúdo em parágrafos, estrofes, versos e o conceito dessas divisões formais do escrito;

e) tamanho e tipo de letra usado e quando e como usar os diferentes estilos de letra (negrito, itálico, sublinhado etc.);

f) etc.

C) Habilidades de levantamento do conteúdo (o que dizer).

D) Habilidades de organização do conteúdo (como dizer – estratégias linguístico-discursivas):

a) Escolha dos recursos da língua apropriados para dizer o que se quer dizer. Neste livro, o trabalho com os recursos linguísticos em função da significação mostra como isto pode ser trabalhado. Veja também inúmeros exemplos em Travaglia (2007, 2009 e 2011);

b) Distribuição em parágrafos, seções/itens, capítulos, versos, estrofes etc.;

c) Habilidades de organização tópica do conteúdo em si (segmentos tópicos que não coincidem com divisões formais como parágrafo, estrofe etc.)[21].

E) Habilidades relativas a categorias de textos (tipos/subtipos, gêneros, espécies):

a) perceber qual é a categoria de texto (especialmente o gênero) adequado à interação que se realiza;

b) construir o texto atendendo às características do gênero em uso.

Aqui entram os exemplares dos tipos/subtipos, gêneros e espécies que se apresentam aos alunos e que de certo modo funcionam no ensino como modelos.

F) Estabelecer objetivos para o texto e construir o texto para atender a estes objetivos.

Após este elenco de recursos, que tem apenas a função de orientação básica, buscamos sugerir uma forma de trabalhar o conhecimento linguístico, por meio de atividades de ensino/aprendizagem com os recursos da língua dentro das perspectivas configuradas no capítulo 1.

---

21 - Sobre organização tópica, veja Travaglia (2011b).

2.2 Como trabalhar

No item anterior apresentamos quase que exclusivamente uma listagem de tópicos a serem trabalhados na área de conhecimentos linguísticos nas séries iniciais do Ensino Fundamental, fazendo apenas alguns pequenos comentários. Agora vamos buscar apresentar como estruturar, organizar o ensino/aprendizagem destes tópicos.

Nossa proposta é que para cada tópico o professor organize o que vamos chamar de "**projeto**". Para organizar um projeto de ensino é preciso levar em conta alguns elementos fundamentais que apresentamos a seguir.  Como se poderá ver, um projeto, como apresentado aqui, geralmente não é para ser desenvolvido em um único ano do Ensino Fundamental, mas deverá ser desenvolvido em um, alguns ou muitos anos/séries, pois o desenvolvimento da competência comunicativa nunca acaba e, idealmente, prossegue pelos anos finais do Ensino Fundamental, pelos anos do Ensino Médio, na Universidade e por toda a vida do falante.

2.2.1 Inicialmente gostaríamos de esclarecer que cada tópico de conhecimento linguístico pode ser organizado a partir:

A) do *recurso linguístico*: neste caso, toma-se o recurso e observam-se, discutem-se os efeitos de sentido com que o recurso é capaz de contribuir na construção/constituição dos textos orais ou escritos e que deverão depois ser considerados na leitura do mesmo texto. A partir de um recurso que ocorre em textos orais ou escritos, dos alunos ou não, trabalhados em sala, podemos buscar com o aluno aqueles que lhe seriam alternativos para ajudar a desenvolver a sua competência pelo domínio de um maior número de recursos. Ao trabalhar com o recurso linguístico, temos duas possibilidades:

> ▸ trabalhar com um **recurso específico**, como, por exemplo, os valores do sufixo **-inho** ou com os valores da palavra "*como*" etc.;

> ▸ trabalhar com um **tipo de recurso**, como, por exemplo, o artigo, as preposições, os verbos auxiliares, as formas verbais etc.

B) de uma *instrução de sentido*: nesta forma de organização, parte-se de um efeito de sentido e verifica-se que recursos da língua podem produzi-lo, discutindo inclusive como os diferentes recursos o fazem, ou seja, se há diferenças entre exprimir, por exemplo, consequência por uma oração conclusiva ou por uma oração consecutiva. Evidentemente nas séries iniciais, se isto for abordado, a terminologia não será usada. Em nosso elenco aparecem algumas instruções de sentido: tempo, lugar, quantidade, comparação, causa e consequência, oposição etc. (veja itens VIII e IX).

C) de uma *função de recursos linguísticos ou de uma atividade que se desenvolve por meio da linguagem*: conector (fazer coesão sequencial), marcar modalidades, argumentar. Neste modo de organizar parte-se de uma função de recursos linguísticos e trabalha-se buscando ou mostrando recursos que têm esta função ou papel no funcionamento da língua. Assim, ao ensinar argumentação, pode-se trabalhar, por exemplo, os operadores argumentativos e os tipos de argumentos[22].

Em todas as formas de organização é fundamental mostrar o funcionamento dos recursos linguísticos sempre em textos e em diferentes situações, para que o aluno perceba quando e como usá-los e as diferenças entre eles.

2.2.2 A segunda etapa de organização do projeto consiste em, escolhido o tópico de conhecimento linguístico, montar um **quadro teórico de referência** para uso pedagógico, ou seja, com base nos estudos linguísticos/gramaticais em geral, montar uma listagem do que se pode ensinar a respeito do tópico escolhido. Nessa tarefa, certamente não será produtivo limitar-se a nenhuma teoria ou corrente de estudo (Estudos tradicionais da língua ou Gramática tradicional, Estruturalismo, Gerativismo, Análise da Conversação, Linguística Textual, Estilística, Teoria Literária, Análise do Discurso, Gramática Funcional, Semântica Argumentativa

---

22 - A argumentação, nas séries iniciais, dificilmente será abordada, embora se possa fazê-lo para recursos argumentativos muito frequentes e de funcionamento mais simples.

etc.), mas usar o que todas nos mostram a respeito do funcionamento linguístico dos elementos envolvidos no tópico a trabalhar. A seguir, apresentamos exemplos de quadros teóricos de referência para os tipos de organização apontados em 2.2.1, para que se tenha uma visão mais concreta do que estamos falando. Como se poderá notar, nem tudo pode ser trabalhado nas séries iniciais, mas com bom senso e senso de oportunidade o professor decide o que trabalhar ou não, inclusive com o apoio do proposto no capítulo 1. Mesmo que o(a) professor(a) não utilize tudo o que registrou no referencial teórico que ajuda a configurar o projeto, este servirá para o controle do que deve ser dado e já foi dado, inclusive servirá para que o(a) professor(a) perceba melhor em que precisa complementar eventuais materiais adotados como o livro didático, por exemplo.

Tendo em vista o espaço, os quadros teóricos são resumidos. Apenas nos estendemos um pouco mais no da comparação, para o qual apresentaremos exemplos de atividades de ensino nas séries iniciais do Ensino Fundamental no item 2.2.3.

2.2.2.1 Um recurso específico: a palavra "como"

Podemos trabalhar com o aluno os valores da palavra "como" especificados, ou seja, que esta palavra pode colocar na construção de um texto os efeitos de sentido e papéis elencados.

Evidentemente se pode ver que nem sempre se pode dizer que é a mesma palavra e que teríamos vários homônimos, se considerarmos que embora a forma seja a mesma, os significados são completamente diferentes. Por isso mesmo estes valores podem ser trabalhados em atividades de ensino, classificadas como exercícios de vocabulário. Todavia o que importa é que o aluno saiba empregar e compreender a(s) palavra(s) "como". O professor pode perceber que alguns destes valores ou papéis nem têm uma classificação clara para identificá-lo.

A palavra "como" e seus sentidos

1) *Causa*: **Como** você não respondeu, achei que você não queria ir à pescaria conosco.

2) *Comparação*: João nada *como* um peixe n'água.

3) *Conformidade*: Fiz tudo *como* você pediu.

4) *Introdutor de enumeração*[23]: Gosto de muitos autores, *como*: Guimarães Rosa, Aluísio Azevedo, Machado de Assis, Cruz e Souza.

5) *Introdutor de exemplo*: Há evidentemente regiões de grande potencial turístico ainda inexplorado *como* as serras de Roraima.

6) *Forma do verbo comer*: Eu não *como* frutos do mar, só peixe.

7) *Intensidade/Admiração*: **Como** você pesca bem!/**Como** este menino cresceu!

---

23 - Com os valores 4 (introdutor de enumeração) e 5 (introdutor de exemplo) a palavra "como" funciona como operador discursivo.

8) *Admiração / Espanto*: – Eu não paguei o imposto de renda.

– *Como* não pagou?!

9) *Modo na pergunta*: *Como* posso chegar a sua casa?

10) *Modo*: Todos queriam saber *como* pesquei um peixe tão grande.

11) *Na condição de*: *Como* proprietário da firma, posso lhe dar um emprego.

12) *No lugar de/substituição*: "A mobília era reduzida ao essencial: um estrado servia *como* cama e uma tábua apoiada contra o muro, de escrivaninha" (LEONI, Giulio. *Os crimes do mosaico*. São Paulo: Planeta do Brasil, 2006. p. 60) (Tradução: Gian Bruno Grosso).

13) *Nome de uma cidade e lago na Itália*: Isto é originário da cidade de *Como*, na Itália.

2.2.2.2 Um tipo de recurso: o artigo

A classe de palavras tradicionalmente chamada de artigo, composta pelas palavras **o** e **um** e suas flexões, é capaz de produzir muitos efeitos de sentido dentro dos textos, o que procuramos mostrar a seguir pela especificação do efeito de sentido e a apresentação de exemplos[24]. Muitos podem ser trabalhados nas séries iniciais.

---

24 - Muito dessa listagem foi retirado do exemplo de Travaglia (2011, cap. 3) em que se pode ver a explicação de muitos dos exemplos aqui apresentados.

Artigo

1) *Indicação de entidade nova ou dada*

(19) a) João levou seu sobrinho ao parque. **O** menino *(= seu sobrinho)* pulou no lago para nadar (entidade dada).

b) João levou seu sobrinho ao parque. **Um** menino *(diferente de "seu sobrinho". Entende-se que se trata de outro menino que não o sobrinho de João)* pulou no lago para nadar (entidade nova).

(20) a) A menina de ontem trouxe este recado para você *(uma menina conhecida dos interlocutores, porque já esteve aqui ontem).*

b) Uma menina que veio aqui ontem trouxe este recado para você *(embora a menina já tenha estado lá, não se sabe quem ela é).*

c) Uma menina trouxe este recado para você *(a menina é completamente desconhecida).*

2) *Indicação de quantidade*

(21) a) O grupo do Rio, composto pel**os** países latino-americanos, decidiu que... *(a presença do artigo definido faz entender que são todos os países latino-americanos).*

b) O grupo do Rio, composto por países latino-americanos, decidiu que... *(a ausência do artigo faz entender que se fala de apenas alguns países latino-americanos).*

(22) a) **Os** alunos da minha turma foram à conferência *(todos os meus alunos).*

b) **Vários/Alguns/Muitos** alunos de minha turma foram à conferência *(uma parte maior ou menor dos meus alunos, o que é indicado pelo pronome indefinido).*

(23) a) Este vaso custa **uns** quinhentos reais *(quantidade aproximada).*

b) Minha cidade tem **uns** duzentos mil habitantes *(quantidade aproximada).*

(24) a) **A** menina de Dona Maria trouxe este recado para você *(Dona Maria só tem uma filha que é conhecida dos falantes).*

b) **Uma** menina de Dona Maria trouxe este recado para você *(Dona Maria tem mais de uma filha e a que trouxe o recado não é especificada).*

3) *Diferença de sentido entre o uso e o não uso do artigo*

(25) **A)** a) Dá para acreditar *na gente? (na gente = um grupo de pessoas em que o falante está incluído).*

b) Dá para acreditar *em gente? (na raça humana).*

B) Eu não quero ser dona de casa, mas sim dona da casa *(mulher que realiza os afazeres domésticos x mulher que é proprietária da residência, a patroa).*

(26) a) O preço da entrada é X *(o preço do bilhete para um show, cinema etc., que é determinado, conhecido.).*

b) O preço de entrada é X *(o preço para se associar a um clube, por exemplo).*

4) Comparação

(27) a) Ele é jogador, mas não é **um** Ronaldinho *(comparação com um expoente de uma categoria).*

b) Betânia não é uma cantora, é **a** cantora *(comparação pelo superlativo, colocando a pessoa como o máximo de uma categoria).*

5) Diferença entre o artigo definido e o pronome demonstrativo

(28) a) **O** doce está uma delícia *(o doce não está presente na cena da fala).*

b) **Este** doce está uma delícia *(o doce está presente na cena da fala).*

6) Indicação de intimidade, familiaridade com o artigo definido antes de nomes próprios, o que pode ter muitos usos nos textos e nas situações em que são usados, como, no exemplo (29), mostrar-se importante, na época em que Fernando Henrique era presidente da República

(29) Tenho de ir embora, porque vou discutir um assunto com **o** Fernando Henrique.

7) *O artigo indefinido + ênfase, funcionando como um caracterizador, ou seja, quase como um adjetivo*

(30) a) João dançou com uma menina.

b) Jo-ão-dan-çou-com-**U-MA**-me-ni-na (= *linda*).

c) Is-so-vai-dar-**UM**-bo-de (= *grande*).

d) O-Jo-ão-tem-**UM**-na-riz (= *grande*).

8) *Outros efeitos de sentido*

(31) a) O meu lar é **o** botequim.

b) O meu lar é **um** botequim (*botequim em **a** é conhecido; em **b**, é desconhecido. Nas duas frases pode-se entender, conforme o cotexto e o contexto, que o falante mora em um botequim, mas em b, conforme o texto e a situação, o lar dele é, por alguma razão, comparado a um botequim, mas ele não mora em um botequim*).

2.2.2.3 Uma instrução de sentido: a comparação

Comparação

A expressão de comparação pode ser feita pelos seguintes recursos, segundo Travaglia (2011):

> Para montar atividades sobre comparação é preciso lembrar que a comparação pode ser: a) de semelhança ou similaridade, com igualdade (João é igual ao irmão/João é tão estudioso quanto o irmão) ou não (João parece com o irmão); b) de diferença pura e simples (Os dois irmãos são diferentes) ou com superioridade (João é mais estudioso que o irmão) ou inferioridade (João é menos estudioso que o irmão) para um dos termos da comparação. O professor poderá elaborar atividades que trabalhem com os seguintes recursos:
>
> 1) *conjunções ou conectores comparativos* (formadores de orações subordinadas adverbiais comparativas e do que a gramática tradicional elenca como graus do adjetivo): como (constrói comparações de equivalência: Maria cantava como um rouxinol); qual (O marido não a deixava sair e Maria vivia presa em casa qual num cárcere); que nem (Este menino fala que nem o pai dele); do mesmo modo que (Eu não posso fazer nada por ele do mesmo modo que ele não pode fazer nada por mim); mais ... que/do que, menos ... que/do que (A árvore de Natal era mais/menos bela que/do que um céu estrelado); tanto/tão .... quanto (Seu irmão tem tanto direito quanto você; Ele ajudou tanto como/quanto você; Maria é tão inteligente quanto a irmã); tal ... qual (Ela tecia uma teia de intrigas tal qual uma aranha venenosa);
>
> 2) *conjunções ou conectores conformativos* (formadores de orações subordinadas adverbiais conformativas): conforme (Conforme ouvi contar, aquele casamento está

com os dias contados); segundo (Você dance segundo tocarem a música); consoante [O Brasil ganhou o pentacampeonato de futebol consoante (= como) os brasileiros desejavam];

3) *adjetivos*: semelhante (Este remédio tem um efeito semelhante ao que tomei até agora); igual (Maria é igual à irmã: nunca presta atenção no que eu digo); direitim (direitinho) (Ele é direitinho o pai); análogo; similar (Este tecido é similar ao que você comprou da outra vez); diferente (Estes elementos são diferentes dos que utilizamos antes); oposto (Montanhas e vertentes são coisas opostas); Maria é a versão **melhorada** da mãe;

4) *locução adjetiva*: João tem por Pedro um amor **de pai** (ou seja, o amor que João tem por Pedro é como o amor que um pai tem pelo filho); Você fez um trabalho **de joalheiro** neste vaso;

5) *artigo*: Ele é um bom jogador, mas não é **um** Pelé (aqui tem-se uma comparação com um representante exemplar de uma categoria); Betânia não é só uma cantora, ela é **a** cantora (aqui temos uma forma de superlativo);

6) *advérbios*: **Semelhantemente** ao ipê, a aroeira é uma árvore do cerrado; Eles são **igualmente** bonitos; **Diferentemente** de você, eu não gosto de praia;

7) *verbos*: equivaler (Os dois atletas se equivaliam; Quando minha redação foi escolhida a melhor da sala, isto, para mim, **equivaleu a ganhar** o prêmio Nobel de Literatura); semelhar (Os troncos retorcidos semelhavam serpentes; Sua fisionomia semelha à de seu tio); parecer (A lagoa da fazenda parecia-me um oceano); lembrar (Esta região do Brasil lembra os Alpes suíços, O quadro que ele pintou tinha uma figura que lembrava uma flor);

8) *expressões*: Acupuntura, homeopatia e fitoterapia é tudo **uma coisa só/a mesma coisa**; Eles são **a cara de um, focinho do outro**; O João é o pai dele **escarrado e cuspido** (= encarnado e esculpido); Esses políticos são todos **farinha do mesmo saco** etc.;

9) *pronome*: Maconha, cocaína, heroína é tudo a **mesma** porcaria;

10) *os graus dos adjetivos e dos substantivos:*

a) os graus comparativos de superioridade, igualdade e inferioridade do adjetivo construídos com as conjunções comparativas (mais/menos ... que/do que; tão ... quanto/como) (cf. item 1) ou os de natureza sintética (melhor/pior; maior/menor; ótimo; superior/inferior; péssimo; máximo, mínimo; supremo; sumo: Esta bola é maior/menor que a outra que lhe dei; Este artista é o máximo!; Mas isto é a idiotice suprema!);

b) o grau superlativo relativo (que faz uma comparação de um elemento de um conjunto com os demais elementos do mesmo conjunto: Jair é o melhor/pior aluno da classe; Este menino é o mais/menos esperto dos irmãos) e o superlativo absoluto (que apresenta a qualidade de algo em grau máximo, havendo uma comparação implícita com um padrão normal: Maria é elegantíssima/muito elegante), seja ele sintético (com os sufixos -íssimo, -limo e -rimo) ou analítico (geralmente com advérbios: muito, extremamente, imensamente, extraordinariamente etc.);

c) os graus aumentativo e diminutivo dos substantivos pressupõem uma comparação com um elemento da mesma categoria, que é tomado como normal ou padrão (Ele tem um narigão — pressupõe uma comparação de superioridade com um nariz que é tido como de tamanho normal/padrão; Comprei uma panelinha — pressupõe uma comparação de inferioridade com uma panela que é tida como de tamanho normal/padrão);

11) *metáforas,* sejam elas imperfeitas (neste caso aparecem o comparado e o comparante, mas não aparece o elemento em relação ao qual eles são comparados: João é **uma raposa**; Minhas filhas são **flores** que **enfeitam** minha vida) ou perfeitas (em que se tem só o comparante: Recém-casados, Tereza e Dejair estavam felizes em seu **ninho**; O teu olhar tem **estrelas** que **iluminam** minha vida) (TRAVAGLIA, 2011, p. 69-71).

2.2.2.4 Uma função de recursos linguísticos ou atividade que se desenvolve por meio da linguagem: marcar modalidade

Modalidade/Modalizadores

Já falamos da modalidade dizendo que ela é a categoria gramatical do verbo pela qual o falante revela sua atitude em relação ao que fala que pode ser de certeza, incerteza/dúvida, probabilidade, possibilidade, permissão (que é o dar a possibilidade) necessidade, desejo/volição, obrigação, ordem (positiva ou negativa), proibição etc. Vimos que essas modalidades são expressas por recursos diversos chamados de *modalizadores* (ver exemplo 17), que podem ser de naturezas diversas: a forma verbal, os advérbios, orações principais constituídas por um verbo ou mais de uma palavra, interjeições. Assim teríamos como modalizadores:

a) para a *certeza*: geralmente as formas verbais do modo indicativo dos verbos (Ele tem o livro); a combinação da conjunção "embora" com o presente do subjuntivo (Embora ele tenha o livro não vai te emprestar); advérbios e expressões adverbiais como "com certeza, realmente, sem dúvida" (Realmente ele tem o livro), a oração principal de "ser (é, era, foi) + certo" (É certo que ele tem o livro);

b) para a *probabilidade*: o verbo auxiliar "dever" (Ele deve ter o livro), o advérbio "provavelmente" (Provavelmente ele tem o livro), a oração principal de "ser (é, era, foi) + provável" (É provável que ele tenha o livro);

c) para a incerteza/dúvida: advérbios como "talvez" aliado ao subjuntivo (Talvez ele tenha o livro), verbos como acho, parece etc. como oração principal (Acho/Parece que ele tem o livro);

d) para a *possibilidade*: o verbo auxiliar "poder" (Ele pode ter o livro), o advérbio "possivelmente" (Possivelmente ele tem o livro), a oração principal de "ser (é, era, foi) + possível" (É possível que ele tenha o livro);

e) para a *permissão*: o verbo auxiliar "poder" na fala direta com alguém a quem se dá permissão (João, pode ir ao cinema);

f) para a *necessidade*: o verbo auxiliar "dever" (Você deve ler o livro, para fazer o teste), a oração principal de "ser (é, era, foi) + necessário/preciso" (É necessário que você tenha o livro), o verbo precisar como oração principal (Você precisa ler este livro);

g) para o *desejo ou volição*: verbos como "querer", "desejar" como oração principal, as interjeições "tomara que" (Tomara que ele tenha o livro!) e "que" (Que você seja feliz!), aliadas a formas do subjuntivo;

h) para a *obrigação*: os verbos auxiliares ter e obrigar nas perífrases: "ter + de/que + infinitivo" (Tenho que ler este livro até amanhã) e "obrigo + a + infinitivo" (Eu te obrigo a pedir desculpas para seu irmão), ser (é, era, foi) + obrigatório (mais para a obrigatoriedade do que para a obrigação) (É obrigatório vir de uniforme, para assistir às aulas);

i) para a *ordem positiva ou negativa*: o imperativo afirmativo e o negativo respectivamente (Compre o livro para mim/Não compre o livro para mim), o infinitivo (Fechar a porta ao sair), o gerúndio (Pulando os obstáculos, meninos!), o futuro do presente (Você limpará a casa hoje!) etc.;

j) para a *proibição*: O verbo "proibir" (Eu te proíbo de ler o livro); a oração principal de "ser (é, era, foi) + proibido" (É proibido ficar na sala depois das aulas).

Como o(a) professor(a) já deve ter percebido, apesar de fazermos o elenco de tópicos e de fazermos o referencial teórico para uso pedagógico, o trabalho com os recursos linguísticos e sua contribuição para o sentido dos textos, muito dificilmente se fará de modo isolado, pois os fatos estão sempre correlacionados e imbricados uns nos outros, já que tudo funciona globalmente no texto. Assim, podemos estudar a flexão dos nomes e verbos, mas ela sempre aparecerá junto com a concordância nos textos. No caso das formas verbais, por exemplo, são importantes os efeitos de sentido que acontecem ao usar uma ou outra forma: por exemplo, ao exprimir futuro pelo presente do indicativo ou pelo futuro do presente. No primeiro caso tem-se uma certeza maior que no segundo. Podemos saber quais são os pronomes e conectores, mas eles sempre aparecem funcionando para a coesão referencial e sequencial respectivamente, permitindo recuperar elementos da referenciação[25] (como os pronomes) e estabelecendo sentidos e relações de sentido entre fatos (os conectores). Vimos que artigos atuam, por exemplo, na expressão da quantidade e são capazes de fazer comparação, além de outros efeitos e funções. É preciso, portanto, estar atento porque sempre estamos trabalhando com vários elementos ao mesmo tempo. Esperamos que tal fato fique perceptível e claro nos exemplos de atividades que passaremos a apresentar no item 2.2.3 e nos capítulos 3 e 4.

Antes de iniciarmos os exemplos de atividades é preciso ressaltar que elas podem ser, na sua maioria, feitas oralmente ou por escrito ou em ambas as formas. Isto vai depender do objetivo e também do grau de alfabetização e letramento dos alunos. Assim, por exemplo, os alunos que ainda não sabem escrever podem realizar a atividade do exemplo (32), sobre alternância/alternativas oralmente, bastando para isto que o professor faça pequenas alterações. O mesmo vale para quase todos os tópicos exemplificados neste livro, excetuados, evidentemente, os que dizem respeito a especificidades da língua escrita.

---

25 - De modo bem simples, a referenciação diz respeito a como introduzimos entidades/seres como objeto de discurso no texto e como eles são retomados ao longo do texto.

Exprimindo alternância/alternativa[26]

Algumas palavras são usadas quando vamos fazer uma **escolha** que vem de uma **alternativa**. Veja as frases abaixo:

(32) **(A)** a) Tonico pulou da árvore **ou** caiu?

b) Nós vamos ao parque de diversões **ou** ao circo?

Outras mostram uma **alternância,** ou seja, que ora se tem uma coisa, ora outra, ora se faz uma coisa, ora outra. Veja as frases:

c) **Ora** João diz que caiu da árvore, **ora** diz que pulou. O que será que realmente aconteceu?

d) Estas férias foram muito divertidas porque **ora** íamos ao parque de diversões, **ora** ao circo, **ora** brincar na praça.

---

26 - Nos exemplos de atividades de agora em diante adotaremos a seguinte convenção: as respostas dos exercícios, quando sugeridas, estarão em azul. Comentários, instruções, sugestões para o professor, em verde. O texto de onde foram retirados exemplos ou material para as atividades aparecerá entre parênteses, indicado do seguinte modo: A letra T de texto e o número do texto no Anexo, assim: T1, T2 etc. Observe-se o foco sempre na significação, no funcionamento do recurso linguístico. Aqui não se fala em orações coordenadas alternativas, mas se mostra para o aluno a sua significação no texto.

(32) Professor(a), essa atividade **B)** pode ser feita oralmente ou por escrito. Seria interessante os alunos dizerem se a frase do colega propõe uma escolha ou tem uma alternância e se está boa ou não. Caso seja por escrito, diga aos alunos para escreverem no caderno pelo menos 3 exemplos dados pelos colegas.

(32) A) O vendedor, referindo-se aos molhos, perguntou se queríamos de tomate ou mostarda..... (T1)/De carona em navios ou aviões, os bichos invasores viajam de um país a outro e causam a maior confusão por onde chegam. (T13)
B) A resposta será pessoal.

A) Encontre no texto 1 e no texto 13[27] um trecho em que temos uma palavra que propõe uma escolha: ou uma coisa ou outra.

B) Agora você: faça uma frase em que se tem uma palavra que propõe uma escolha e outra que fala de uma alternância.

---

27 - Nas aulas, normalmente os exercícios trabalham com o texto ou os textos que estão em uso, por exemplo, a partir de um capítulo do livro didático e se utilizam de outros exemplos do mesmo tipo e/ou correlatos de algum modo para enriquecimento da atividade. Neste livro, para economizarmos espaço não colocando uma infinidade de textos, optou-se por apresentar um conjunto de textos (vide Anexo) e desenvolver atividades usando todos eles, muitas vezes com um somatório de recursos para determinado fim e que poderiam ser trabalhados mais paulatinamente em sala de aula, conforme a oportunidade de sua ocorrência em textos. Todavia, no dia a dia da sala de aula, o professor deve se lembrar de trabalhar com o(s) texto(s) em foco no momento e também introduzir trechos de outros textos para exemplificação, enriquecimento da atividade, mostrando mais possibilidades e recursos que o aluno pode usar e assim incrementar sua competência comunicativa. O trabalho com fatos ocorridos nos textos dos alunos também é desejável.

(33) Observe o trecho abaixo do texto "Você sabe tudo sobre os animais?" (T5):

> "A tromba serve para o elefante respirar, pegar água, emitir sons, farejar, empurrar **ou** pegar coisas e também para acariciar." (T5)

A palavra "**ou**", em negrito, foi usada para indicar:

a) que o elefante só pode empurrar ou só pode pegar coisas com sua tromba.

b) que o elefante pode tanto empurrar quanto pegar coisas com sua tromba, depende da hora e do que ele quer fazer.

Resposta:. b.

(34) Veja a frase abaixo tirada do Texto 13:

> "Eles (os bichos invasores) vêm trazidos por viajantes, **ou** como bicho de estimação, **ou** para servir de alimento." (T13)

Esta frase diz que o bicho invasor ou vem numa condição (bicho de estimação) ou em outra (alimento). Há como que uma escolha: ou uma coisa ou outra.

a) Faça uma frase como esta, com a palavra **ou**, para indicar que algo ou alguém é considerado apenas de um modo.

Resposta pessoal.

Veja mais três exemplos:

a) Você foi convidado como amigo do João **ou** como colega?

b) Otávio considera Maria sua amiga **ou** sua inimiga?

c) As pessoas compram esta vasilha para ser um enfeite **ou** uma jarra de suco?

2.2.3 Um projeto – Atividades para o ensino de comparação

Professor(a), neste item é apresentado um conjunto de exercícios que poderiam constituir um projeto de ensino de comparação nas primeiras séries do Ensino Fundamental. Evidentemente é o básico, mas conforme as oportunidades oferecidas pelos textos e fatos ocorridos na sala de aula, poderia ser enriquecido com mais atividades. Alguns exercícios foram elaborados a partir dos textos do anexo, mas nem todos, pois nosso objetivo é exemplificar mais amplamente a elaboração de atividades para um tópico, constituindo um projeto. Todavia, ao longo das séries iniciais em que se usa um número muito maior de textos e de gêneros mais variados, com certeza surgirá oportunidade de trabalhar com todos os aspectos da comparação abordados aqui. Voltando ao referencial teórico para ensino de comparação que apresentamos em 2.2.2.3, você verá que não trabalhamos tudo. O restante poderá ser trabalhado nas séries finais (6º a 9º anos) e no Ensino Médio. Mesmo o que aparece ensinado nas primeiras séries poderá ser retomado com maior grau de complexidade. Às vezes tratamos de elementos envolvidos na comparação, que muitos consideram difíceis, como a metáfora, para deixar claro que sempre é possível uma abordagem adequada a cada nível, pois não se deve postergar a aprendizagem de algo que está presente a todo instante no uso da língua com o argumento de que é difícil. Tudo pode ser tratado com diferentes graus de complexidade e com abordagens distintas em cada fase.

Estes exercícios não devem nem podem ser desenvolvidos todos em seguida, em um único bloco. O ideal é que sejam desenvolvidos ao longo de um ano ou ao longo de vários anos, por exemplo do 1º ao 5º anos. Dessa forma o aluno vai aprendendo sobre comparação e vai aprofundando, pois sempre se retorna e acrescenta-se mais alguma coisa, atendendo a dois princípios importantes do ensino/aprendizagem que são a repetição e a progressão. É importante lembrar que, se, por alguma razão, você tiver, por exemplo, no 3º ano alunos que não trabalharam, no 1º e 2º anos e mesmo na educação infantil, o projeto de ensino de comparação (ou outro), sempre é bom retomar com esses alunos atividades e fatos sobre a comparação ou outro tópico em estudo. Isto pode ser feito de modo geral dentro de sala de aula como recordação/repetição para os que já viram o material ou em momentos especiais, marcados para os alunos em desvantagem.

Exprimindo comparação

Prezado(a) professor(a), aqui vamos apresentar uma sequência de atividades para trabalhar a comparação nas séries iniciais do Ensino Fundamental, buscando mostrar como abordar os diferentes aspectos envolvidos na expressão desta instrução de sentido nos textos. Não nos preocupamos em dizer se a atividade é para o 1º, 2º, 3º, 4º ou 5º ano, pois isto depende muito do desenvolvimento dos alunos e é o professor quem precisa decidir isto, apesar de, em coleções de material didático, haver sempre uma progressão entre os diversos momentos de um ano e os diferentes anos. Evidentemente o que se apresenta aqui é apenas uma amostra, pois muito mais atividades podem ser desenvolvidas. Além disso, a forma que as atividades tomam podem ser as mais variadas possíveis, sendo o limite apenas a nossa criatividade de professores. Aliás o que dizemos aqui vale para todos os exemplos de atividades que apresentamos.

(35) Releia os trechos do texto sobre o papagaio Jotinha:

• "Jotinha era o papagaio de Izabel. Ele viera morar numa árvore do quintal, para comer frutinhas do pomar, e ficara amigo da menina que falava com ele e cantava para ele. Mas ele era novo e ainda não sabia falar. Ela ficava querendo que ele falasse. Finalmente um dia ele falou **feito** gente."

• Um dia Izabel gritou:

— Mamãe, Jotinha está falando **igualzinho** o vovô.

É que o vovô ficava conversando com ele, sem ninguém ver.

Observe que, nos dois trechos, o jeito de falar de Jotinha foi comparado com o jeito de falar das pessoas, indicando uma semelhança entre eles. Veja alguns modos de comparar:

▸ Jotinha falou **feito** o vovô.

▸ Jotinha falou **igualzinho/igual** o vovô.

▸ Jotinha falou **que nem** o vovô.

▸ Jotinha falou **como** o vovô.

(35) Professor, você pode comentar com os alunos que esses modos de comparação são empregados em diferentes situações:
- Menos formal (coloquial), geralmente oral: feito, que nem.
- Formalidade média: igualzinho, igual.
- Mais formal e escrita: como. Isto seria trabalhar com eles a questão da variação linguística.

Agora use os diferentes modos de comparar nas frases seguintes:

a) Os papagaios falam **igualzinho** gente.

_____

_____

_____

b) Izabel nada **como** um peixe.

_____

_____

_____

c) O vovô canta **que nem** um canarinho.

_____

_____

_____

B) Nos exercícios do capítulo anterior, você viu como comparar usando as palavras como, feito, igualzinho, igual e que nem, indicando semelhança. Veja, nos exemplos abaixo, tirados dos textos 7 e 4, que a palavra parecer também pode ser usada para comparar indicando semelhança:

"Nas últimas aulas, a Onça pulava com rapidez e agilidade – **parecia** um gato gigante." (T7)

"Aquele texto não se **parecia** com um anúncio, até eu achava." (T4)

Veja outros exemplos:

- ▸ Você **parece** um coelhinho, adora comer cenoura.
- ▸ Carregando as carteiras, os meninos **pareciam** formigas trabalhadeiras.
- ▸ Com esta roupa, papai **vai parecer** o palhaço Pipoca.
- ▸ Gritando daquele jeito você **pareceu** um doido.

Agora você. Use a palavra **parecer** em frases, fazendo comparações.

Exemplo: Vou parecer o Super-Homem com essa roupa.

a) _____

b) _____

c) _____

---

(36) Antes já vimos como comparar, mostrando que duas coisas são semelhantes. Para isto usamos as palavras **"que nem"**, **"feito"**, **"igualzinho"**, **"igual"**, **"como"** e **"parecer"**. Quando comparamos com estas palavras, dizemos que as pessoas, animais, coisas, objetos, sentimentos comparados são semelhantes.

Agora vamos começar a ver palavras que fazem comparação mostrando diferenças. Observe a palavra destacada na frase abaixo:

"Café adoçado com um torrão de rapadura é o **melhor** acompanhamento." (T14)

A palavra **melhor** indica que o "café adoçado com rapadura" é a bebida de mais qualidade, "mais boa" para servir de acompanhamento para o pão de queijo. Ele é "mais bom" do que outros acompanhamentos que se pode ter: suco, chá, refrigerante etc.

Veja estas outras frases:

a) O pão de queijo da Odília é **melhor** do que o de Inácio.

b) O pão de queijo de Inácio é **pior** do que o de Odília.

- ▸ Melhor = mais bom
- ▸ Pior = mais ruim

Geralmente não falamos "mais bom" e "mais ruim" porque não parece bonito. Assim dizemos sempre "melhor" e "pior".

Agora faça duas comparações usando "melhor" e duas usando "pior":

a)

b)

c)

d)

(37) Quais palavras foram usadas nas frases abaixo para fazer comparação? Sublinhe as palavras e diga se compararam mostrando semelhança ou diferença:

a) "Ele (o casco da tartaruga) é feito de uma camada de osso e outra de um tecido parecido com as unhas dos humanos, só que muito mais resistente." (T5)

b) "Diferente de seus parentes, que se reúnem em grupos, o pigmeu vive solitário ou em pares." (T5)

c) "Um dos indícios disso são os ossos das nadadeiras, semelhantes a mãos com dedos, como ocorre com mamíferos terrestres." (T5)

d) "Chegaram até junto da sede da fazenda, tocaram, cantaram com uma voz aguda feito ponta de agulha, tomaram café com queijo, broa de fubá, biscoitos e se foram." (T15)

(37)
Professor(a), é sempre conveniente levar os alunos a dizerem o que está sendo comparado com o quê.

(37)
a) Parecido (semelhança).
b) Diferente de (diferença).
c) Semelhantes (semelhança), como (semelhança).
d) Feito (semelhança).

(38) Vamos aprender mais um jeito de fazer comparação indicando semelhança? Antes vamos lembrar os modos de comparar indicando semelhança que você já aprendeu:

a) A onça pula **feito/igual/igualzinho/que nem/como** o gato.

b) A onça **parece** com o gato.

c) A onça é **semelhante** ao gato.

d) A onça é **parecida** com o gato.

Agora observe o trecho abaixo do texto "O pulo" (T7):

"Mas o Gato pulou de lado e escapuliu **tão** rápido **como** a ventania." (T7)

Observe que o autor está comparando a rapidez do gato com a da ventania. Agora veja os exemplos abaixo:

a) O gato foi **tão** esperto **quanto** uma raposa.

b) A onça pula **tão** bem **quanto** o gato, mas não sabe o pulo de lado.

c) O gato fugiu **tão** rápido **como** um raio.

d) O gato por seu pulo ficou **tão** famoso **como** um artista.

Usando **tão... quanto** ou **tão... como** dizemos que os dois (o gato e a onça, o gato e raposa) são iguais no que se refere a uma dada característica (rápido, esperto, famoso) ou na sua capacidade de fazer algo (pular bem), ou seja, eles são comparados, afirmando-se sua igualdade.

Agora escreva duas frases fazendo comparação de igualdade entre dois seres, usando **tão... quanto** ou **tão... como**. Cada um lê uma comparação feita e os colegas e o(a) professor(a) dizem se ficou bem feita:

a) _____

b) _____

(39) Veja o trecho abaixo do texto **"Você sabe tudo sobre os animais?"** que fala da tromba do elefante:

(39) Professor(a), este exercício discute a diferença de sentido entre dois recursos com o mesmo sentido básico. Isto pode e deve ser feito sempre que possível e dentro do nível dos alunos.

a) "Os prolongamentos da ponta são **como** dedos e permitem que o animal segure até pequenos frutos." (T5)

A autora poderia ter dito:

b) "Os prolongamentos da ponta são **iguais a** dedos e permitem que o animal segure até pequenos frutos." (T5)

(39) Professor(a), comente com os alunos que se pensarmos na forma das pontas a frase a é melhor, mas se pensarmos em para que as pontas servem, sua função, as duas são boas. Este tipo de discussão ajuda o aluno a desenvolver sua capacidade de escolher a melhor forma para dizer o que quer.

(39) Respostas
a) Na frase b.
b) Na frase a.
c) A frase a.
d) b.

a) Em qual das duas frases se está dizendo que os prolongamentos da ponta da tromba do elefante são idênticos a dedos?

b) Em qual se está dizendo que é parecido, semelhante?

c) Considerando o jeito da tromba do elefante, qual frase é mais real, mais próxima da realidade: a ou b?

d) Assinale a frase abaixo em que se diz que alguém ou alguma coisa é idêntica a outra:

a) (   ) O elefante é maior do que a onça.

b) (   ) João é igual o pai dele: desconfia de tudo.

c) (   ) A onça e a leoa são parecidas.

d) (   ) Esta mesa é semelhante à da minha casa.

e) (   ) O menino parecia um saci, pulando sem parar.

(40) Considerando o trecho abaixo do texto "A alegria" (T2):

"O mundo todo foi ficando **mais** feliz e não demorou muito e o papagaio aprendeu a falar, o galo cantou quando o sol estava pra nascer, o gato e o cachorro foram brincar no quintal." (T2)

Diga quais são as afirmações corretas sobre o trecho:

a) A felicidade não alterou a vida dos animais.

b) O autor compara o papagaio com o galo dizendo que um é mais feliz que o outro.

c) O mundo ficou feliz aos poucos.

d) Há uma comparação da felicidade do mundo colorido e do mundo cinzento, dizendo que o colorido era mais feliz.

e) O mundo cinzento não mudou.

Resposta: c), d).

(41) A) Abaixo temos um trecho do texto "Alegria" (T2), um pouco modificado:

As crianças logo perceberam que o mundo, colorido, era muito **mais** bonito **que** o mundo cinzento e isso as deixava muito felizes. (T2)

a) O trecho anterior está fazendo uma comparação?

Resposta: sim.

b) Se estiver fazendo comparação, é uma comparação:

( ) de semelhança   ( ) de diferença

Resposta: de diferença.

c) Nos textos abaixo a comparação é de semelhança ou de diferença? Escreva/diga para cada frase o que você acha:

a) O palhaço é **mais** esperto **que** as outras pessoas.

Resposta: siferença.

b) As crianças são **menos** espertas **do que** os palhaços.

Resposta: siferença.

c) As crianças são **tão** espertas **quanto** os palhaços.

Resposta: semelhança.

d) O papagaio era **mais** triste **do que** o galo.

Resposta: diferença.

e) O mundo cinzento é **menos** bonito **que** o mundo colorido.

Resposta: diferença.

f) O galo é **tão** bom cantor **quanto** o canarinho.

Resposta: semelhança.

Você notou que, quando a comparação é de diferença, às vezes dizemos a diferença marcando a superioridade

de um ser sobre o outro, às vezes marcando a inferioridade de um ser sobre o outro?

d) Agora indique em que frases de comparação anteriores temos:

a) comparação de diferença com superioridade:

nas frases _____ Resposta: a), d).

b) comparação de diferença com inferioridade:

nas frases _____ Resposta: b), e).

c) comparação de semelhança com igualdade:

nas frases _____ Resposta: c), f).

B) Observando os exemplos do exercício **A**, diga:

a) as palavras que usamos para fazer comparação de diferença com superioridade são: _____ ....

_____ ou _____. Resposta: mais ... que ou do que.

b) as palavras que usamos para fazer comparação de diferença com inferioridade são: _____ ....

_____ ou _____. Resposta: menos... que ou do que.

c) as palavras que usamos para fazer comparação de semelhança com igualdade são: _____ ....

_____ ou _____. Resposta: tão ... quanto.

(42) A) Fazer o exercício oral que o professor vai dar.

Professor(a), os exercícios a seguir são exercícios estruturais[28] sobre o grau comparativo dos adjetivos. O aluno não terá em mãos o material abaixo e o exercício se faz oralmente. Aqui é só um exemplo do que você pode fazer:

1) *Repetição*

P- As crianças são mais amigas do palhaço do que os adultos.

A- Repete

P- Os adultos são menos amigos do palhaço do que as crianças.

A- Repete

P- As crianças são tão amigas do palhaço quanto os adultos.

A- Repete

P- Eu sou tão alegre quanto o palhaço.

A- Repete

P- Eu sou menos alegre que o palhaço.

A- Repete

P- Eu sou mais alegre que o palhaço.

A- Repete

P- O galo canta mais do que o papagaio.

A- Repete

P- O galo fala menos do que o papagaio.

A- Repete

P- O cachorro ficou tão feliz quanto o gato.

A- Repete

---

28 - Para saber mais sobre exercícios estruturais no ensino de língua materna, veja Travaglia, Araújo e Pinto (1984).

2) *Transformação*

Modelo: P- Minha irmã é mais gentil que a sua.

A- Minha irmã é menos gentil que a sua.

P- Minha irmã é mais gentil que a sua.

A- Minha irmã é menos gentil que a sua.

P- O palhaço Pipoca é mais engraçado que o palhaço Carequinha.

A- O palhaço Pipoca é menos engraçado que o palhaço Carequinha.

P- O cachorro é mais brincalhão do que o gato.

A- O cachorro é menos brincalhão do que o gato.

P- A rosa é mais perfumada do que a margarida.

A- A rosa é menos perfumada do que a margarida.

P- As crianças estão mais sorridentes do que os adultos.

A- As crianças estão menos sorridentes do que os adultos.

B) Faça frases em que tenhamos comparações de semelhança com igualdade e de diferença com superioridade e inferioridade para os seguintes seres e características:

a) Seres: O sol e a lua; característica: brilhante
igualdade:
superioridade:
inferioridade:

b) Seres: A onça e o leão; característica: forte
igualdade:
superioridade:
inferioridade:

(43) No texto, o autor diz:

> Semelhante ao vovô, o Jotinha, quando vai falar, tosse antes. Todos acham uma gracinha e aí ele tosse mais.

Que palavra o autor usa para fazer a comparação entre o modo de falar do papagaio Jotinha e o modo de falar do avô de Izabel?

Resposta: semelhante.

(44) Você já aprendeu que:

- ▸ Melhor = mais bom
- ▸ Pior = mais ruim

Também aprendeu que a gente não deve falar "mais bom" ou "mais ruim", porque não soa bonito. Devemos usar de preferência **melhor** e **pior**.

Veja o trecho abaixo do texto "Você sabe tudo sobre os animais?":

"Será que o leão é o **maior** felino do mundo?" (T5)

a) Qual é o contrário de maior?

Resposta: menor.

b) Faça uma frase usando a palavra **menor**:

_____

Resposta pessoal.

c) Você sabe dizer o que significa maior e menor? Relacione ligando por um traço a palavra a seu significado:

maior   mais pequeno

menor   mais grande

Resposta:

maior   mais pequeno
menor   mais grande

Devemos evitar falar "mais grande" e "mais pequeno", preferindo dizer "**maior**" e "**menor**", assim como também devemos preferir dizer "**melhor**" e "**pior**" a dizer "mais bom" e "mais ruim". Observe que as quatro palavras de que estamos falando (maior x menor e melhor x pior) fazem comparação. Exemplos:

    a) Eu sou **maior** que meu irmão.

    b) A fazenda do vovô é **menor** do que a de papai, mas é mais bonita.

    c) O sorvete de chocolate ficou **melhor** do que o de morango.

    d) Ficar doente é **pior** do que tomar a vacina.

d) Faça comparações usando estas quatro palavras: maior, menor, melhor, pior.

a) _____

b) _____

c) _____

d) _____

> **(45)** Nas frases abaixo temos comparações de semelhança. Assinale aquelas em que a semelhança é apresentada como total, ou seja, as duas coisas comparadas são idênticas:
>
> **a)** (   ) A barba do vovô é **igual à** do Papai Noel.
>
> **b)** (   ) O trenó do Papai Noel é **mais** rápido **do que** um raio ou um avião a jato.
>
> **c)** (   ) Tio Juca é gordinho **como** o Papai Noel.
>
> **d)** (   ) Tio Juca é **tão** gordinho **quanto** o Papai Noel.
>
> **e)** (   ) Todo mundo é **menos** bonzinho **do que** o Papai Noel.
>
> Resposta: a), d).

(46) A) Já conversamos sobre várias formas de comparar um ser (pessoa, animal, planta, objeto, coisa, sentimento etc.) com outro.

Assim você já sabe que podemos comparar mostrando **semelhanças** (dizendo que os seres são parecidos ou idênticos) e mostrando **diferenças** (com superioridade ou inferioridade). Vamos relembrar os modos de comparar e ver mais alguns? Preste atenção nas palavras em negrito, pois elas é que ajudam a fazer a comparação.

1) Pedrinho está pulando **feito/igual/que nem/igualzinho/como** um saci-pererê. *(semelhança)*

2) Pedrinho está **parecendo** um saci-pererê. *(semelhança)*

3) Pedrinho está **mais** arteiro **do que/que** um saci-pererê. *(diferença com superioridade)*

4) Pedrinho está **tão** arteiro **quanto** um saci-pererê. *(semelhança com igualdade)*

5) Pedrinho está **menos** arteiro **que** um saci-pererê. *(diferença com inferioridade)*

6) Pedrinho **é parecido/semelhante/igual** a um saci-pererê de tão arteiro. *(semelhança)*

7) Pedrinho **parece** um saci-pererê. *(semelhança)*

8) Pedrinho **é diferente** de um saci-pererê, pois é arteiro, mas não usa cachimbo nem gorro vermelho. *(diferença)*

9) **Semelhantemente** ao saci-pererê, Pedrinho gosta de entrar no redemoinho. *(semelhança)*

10) **Diferentemente** do saci-pererê, Pedrinho não usa um gorro vermelho. Usa um boné amarelo. *(diferença)*

11) Pedrinho é **maior que** o saci-pererê. *(diferença com superioridade)*

B) Você e seus colegas reúnam-se em grupos de cinco alunos. Escolham dois seres para comparar e a característica deles em relação à qual vocês vão compará-los. Façam comparações de semelhança e diferença, usando o maior número possível de modos de comparar. Depois os grupos leem suas comparações uns para os outros. Se um grupo não fizer a comparação direitinho,

> os outros grupos devem dizer por que não está boa. Cada grupo lê uma comparação e a turma vai fazendo várias rodadas dos grupos da sala. No final, cada grupo diz a comparação que achou mais interessante ou criativa.

> **▶ ATENÇÃO**
>
> Se o grupo preferir, pode fazer comparações não só entre dois seres e sempre em relação a uma mesma característica (como no exemplo de A), mas ir variando os seres entre os quais faz comparação e a característica deles que é comparada.

Professor(a), os exercícios (47) a (49) a seguir estão trabalhando com a metáfora, como forma de comparação. Observe que não há uma teorização com o aluno sobre esta figura de linguagem, mas se mostra para ele o mecanismo de significação que lhe permite entender as metáforas, o que é fundamental para um melhor letramento, de forma que o aluno desenvolva processos cognitivos que o tornem capaz de compreender o sentido veiculado em uma metáfora, sendo assim competente para compreender textos com metáforas que ocorrem muito, tanto em textos escritos quanto orais. Sem a competência para compreender as comparações em forma de metáforas, e consequentemente as metáforas, não se tem um letramento completo, de bom nível.

(47) Veja o que o trecho abaixo fala de Carmela Caramelo, a personagem do texto que você leu, e preste atenção no que está em negrito[29]:

> Carmela **é uma vara de bambu**. Parece estar sempre balançando ao vento. **É uma flor** de pessoa, mas fica muito brava quando a chamam de vara de bambu. Fora isto **é** sempre **um doce**.

a) Carmela é mesmo uma vara de bambu?

Resposta: não.

b) Ao dizer que Carmela é uma vara de bambu, o autor está sugerindo que ela:

a) é feia e muito pálida.

b) é magra e alta.

c) é fraca e cai à toa.

Resposta: b).

c) Na sua opinião, com a comparação abaixo diríamos a mesma coisa que foi dita de Carmela ao dizer que ela é uma vara de bambu? Por quê?

• Carmela é um palito.

Resposta: não. Porque o palito só sugere magreza, mas não altura como a vara de bambu.

29 - Este trecho é inspirado no T9, mas não é retirado de nenhum dos textos do anexo.

d) Este é também um modo de comparar. Só que não dizemos qual é a característica que está sendo comparada. Veja outros exemplos:

a) João é um touro. (= forte)

b) Esse menino é uma raposa. (= esperto)

c) Essa maçã está um mel. (= doce)

d) Meu amigo é um coelhinho. (= corre muito, gosta de cenoura)

e) Meu tio é um peixe. (= nada bem)

e) A partir dos exemplos todos vamos ver se você aprendeu. O que significa dizer que Carmela **é uma flor de pessoa** ou que ela **é um doce**?

Resposta: significa que Carmela é uma pessoa delicada e gentil.

f) Reúna-se com seus colegas e em grupo façam comparações do modo exemplificado acima, ou seja, dizendo que "Alguém ou algo é X" para sugerir uma característica desse alguém ou algo que é muito própria de X (veja os exemplos do texto e os de d). Depois todos dizem as comparações que fizeram. Os colegas tentam dizer o que significam e quem fez confirma se eles acertaram.

a)

b)

(48) Veja o trecho abaixo do poema "Lua cheia" (T12):

"A lua cheia –
moeda de prata,
roda primeira,
lanterna da madrugada."

a) Neste trecho, a poetisa compara a lua cheia com outras três coisas. Com que ela compara a lua?

_____

b) Diga o que há de semelhante entre a lua cheia e as coisas com que a poetisa a comparou:

a) _____
b) _____
c) _____

c) Leia o resto do poema e encontre outra coisa com que a poetisa comparou a lua cheia.

_____

(48)
Respostas
a) Com uma moeda de prata, com uma roda e com uma lanterna.

b) a) A lua cheia é redonda e prateada como a moeda de prata, ou seja, tem a forma e a cor semelhantes à de uma moeda de prata. b) A lua cheia é redonda como a roda (forma). c) A lua cheia é redonda e luminosa como a parte da lanterna que emite a luz. (forma e brilho)

c) Com o olho de um dragão.

(48)
Respostas
d) Pode-se comparar com queijo, farol, bola, pérola etc.
e) Resposta pessoal. Exemplo: A lua cheia – bola de futebol das estrelas – já está em campo.

(49) Professor(a), uma atividade pertinente no ensino de comparação é levar os alunos a produzirem um texto comparando duas pessoas, dois animais, dois lugares etc. Por exemplo, a rua em que ele mora com a rua da escola, o seu cachorro com o de um colega, um amigo com outro e assim por diante. Nesse texto ele teria necessariamente que utilizar recursos estudados em atividades como as apresentadas aqui.

Respostas
A) As estrelas.
B) Feito.

---

d) Você viu que fica bonito comparar assim as coisas, sem falar qual a característica que estamos achando semelhante. Você lembra outra coisa à qual podemos comparar a lua cheia pela sua forma, cor, brilho ou outro tipo de característica?

e) Agora faça uma frase usando o que você pensou, fazendo uma comparação bem bonita parecida com a da poetisa.

---

(49) A) No trecho abaixo do poema "A chegada da noite" (T8), o que a poetisa está chamando de velas? O que existe no céu à noite que ela está comparando com velas no céu?

> "Velas acesas no céu,
> Uma, duas, três luzes.
> Surge um céu feito renda." (T8)

B) Que palavra a autora usou para comparar o céu a uma renda?

Para além da sala de aula
Ensino de gramática

▶ VIEIRA, Sílvia Rodrigues; BRANDÃO, Sílvia Figueiredo. *Ensino de gramática – Descrição e uso.* São Paulo: Contexto, 2007.
   • Uma obra com bases teóricas importantes para o professor no que respeita aos fatos da língua, suas variedades e uso e como trabalhar em sala de aula. Uma orientação ao professor sobre como trabalhar com a tradição gramatical, dentro das perspectivas mais recentes da linguística.

▶ KOCH, Ingedore Grunfeld Villaça. *A coesão textual.* 22. ed. São Paulo: Contexto, 2012
   • Nesta obra há informações simples e bem organizadas sobre os mecanismos e recursos de coesão referencial e sequencial que são importantes no letramento.

▶ _____. *A inter-ação pela linguagem.* São Paulo: Contexto, 2010.
   • Um livro importante para o professor saber de elementos básicos no ensino: a relação da linguagem com a ação, a argumentação e a linguagem oral e a conversação.

▶ TRAVAGLIA, Luiz Carlos. Argumentação e atividades de produção e compreensão de textos e ensino de gramática. In: GOUVÊA, Lúcia Helena Martins; GOMES, Regina Souza (Orgs.). *Anais do II Fórum Internacional de Análise do Discurso: Discurso, Texto e Enunciação.* Rio de Janeiro: UFRJ, 2010. p. 139-166. Disponível em: a) <www.ileel.ufu.br/travaglia> na página PRODUÇÕES POR ÁREA > ENSINO DE LÍNGUA MATERNA; b) <www.letras.ufrj.br/ciadrio/> na página PUBLICAÇÕES> ANAIS.
   • Como fazer o ensino de argumentação é o tópico deste artigo em que o professor encontra a base teórica e exemplos de atividades.

Livros sugeridos para ações literárias

2º ANO

▸ BELINKY, Tatiana. *Aparências enganam.* Ilustrações: Cristina Biazetto. São Paulo: Cortez, 2010.
- Uma fábula de Tolstoi, recontada em texto apropriado a leitores iniciantes e com um tema revelado já no título: o fato de que é preciso ter cuidado com as aparências.

▸ RIBEIRO, Jonas (Texto e ilustrações). *A descoberta.* São Paulo: Cortez, 2010.
- Um texto poético em prosa em que palavras e imagens conjugadas ajudam a entender que o amor nada exige do ser amado.

- BRANDÃO, Maria do Carmo. *O fantasma que gostava de chocolate.* Ilustrações: Suppa. Belo Horizonte: Dimensão, 2011.
    - Lembranças de infância ajudam a criar esta personagem adorável: um fantasma que se alimenta (mas só de chocolate!), tem dor de barriga, estuda, faz terapia e – o pior para sua reputação – não gosta de assustar ninguém. E a surpresa maior e mais divertida fica para o final.

- MARTINS, Mauro. *Toca de gente, casa de bicho.* Ilustrações: Flávio Fargas. Belo Horizonte: Dimensão, 2011.
    - Cachorro que mia? Elefante que late? Leão que cacareja? Entre nessa casa-toca e descubra a confusão que tomou conta dela. A confusão mais divertida que você já viu. E vamos chegando, que é para bagunçar ainda mais esta bagunça...

- GENEVIÈVE, Noël. *Que amor de jacaré.* Ilustrações: Rémi Faillard. Trad.: Regina R. Junqueira. Belo Horizonte: Dimensão, 2008.
    - Um jacaré velho e solitário se aborrece porque não tem nada para fazer. Já a mamãe macaca se preocupa porque tem muita coisa para fazer e uns probleminhas bem difíceis para resolver. Mas no dia em que eles se conhecem tudo muda... e para melhor, é claro!

↘ **CAPÍTULO 3**

Exemplificando os projetos a partir de textos

O produzir e compreender textos para se comunicar é a razão de todo o ensino de língua.

Como trabalhar a gramática, o conhecimento

linguístico a partir de textos?

3.1 Os textos

No dia a dia da sala de aula, as atividades devem ser desenvolvidas em torno e a partir de textos orais e escritos de fontes e gêneros diversos e de produtores diversos, inclusive textos dos alunos. Os textos trabalhados em sala de aula irão servir de base a atividades de leitura, produção de textos, ensino de vocabulário e conhecimento da língua (ensino de gramática). Como já proposto nos capítulos 1 e 2, as atividades de conhecimento linguístico devem, sobretudo nas séries iniciais, mas mesmo por todo o Ensino Fundamental, concentrar-se:

a) na significação dos recursos linguísticos, na sua contribuição para o(s) sentido(s) que se quer veicular por meio dos textos;

b) na função desses mesmos recursos na constituição dos textos, quase sempre ligada à sua significação;

c) na exploração de recursos alternativos para o mesmo fim (significado e função), ressaltando a diferença entre eles, quando isto for possível.

A terminologia que se dará deve ser o mínimo essencial e é sempre bom procurar introduzir primeiro o conceito, para que o aluno perceba o fato e em segundo lugar o termo (sílaba – conceito, sílaba tônica, classificação das palavras quanto ao número de sílabas e quanto à sílaba tônica, palavra, frase, verso, estrofe, parágrafo, verbo etc.).

No anexo deste livro, colocamos quinze textos de gêneros e autores diversos, inclusive um de alunos, que servem de base aos exemplos de atividades, já apresentados no final do capítulo 2 e que vamos apresentar neste capítulo 3 e no capítulo 4. O objetivo de apresentar esses exemplos é que o(a) professor(a) possa perceber de modo mais concreto como operacionalizar o ensino de conhecimento linguístico (ensino de gramática) por meio dos "projetos", organizados a partir de um recurso linguístico específico ou de um tipo de recurso, de uma instrução de sentido ou de uma função dos recursos ou de uma atividade que se faz com recursos linguísticos. A expectativa é que essa estratégia o ajude, professor(a), a desenvolver seus "projetos" para o ensino de conhecimento linguístico nas séries iniciais do Ensino Fundamental. Como já dissemos, estes projetos não terão um desenvolvimento concentrado em um período único e nem em um único ano.

Neste capítulo são apresentados exemplos de atividades para alguns dos tópicos especificados no capítulo 2, naturalmente sem a pretensão de esgotar todas as possibilidades de estudo em cada tópico nem nas séries iniciais ou mesmo além dessas séries. Portanto não estaremos propondo um projeto acabado e completo para cada tópico, mas apenas exemplificando atividades que poderiam se encaixar no projeto de ensino de tópicos diversos sempre identificados antes de um exercício ou grupo de exercícios. Desse modo, para cada tópico identificado são apresentados um ou alguns poucos exemplos, apostando que a exemplificação ajudará o(a) professor(a) a construir e utilizar atividades dentro do espírito proposto aqui. Reiteramos que os exemplos certamente não abrangem todas as perspectivas sob as quais se pode abordar um tópico. Além disso, cada exercício tem uma forma básica que pode e muitas vezes deve sofrer modificações, especificações, acréscimos etc., conforme o objetivo de cada momento em sala de aula e também conforme o que os alunos de cada turma já sabem ou não. Isto só o professor pode fazer, enriquecendo cada atividade.

Convém retomar aqui o que dissemos na nota 27, que julgamos desnecessário repetir.

Na montagem dos exemplos, muitas vezes trabalhamos com material de vários textos ao mesmo tempo o que às vezes pode "pesar" os exercícios, mas, geralmente, não é o que acontece em sala onde se utiliza, quase sempre, o material dos textos concentrados e em exploração em um capítulo, unidade etc. Todavia o número muito maior de textos utilizados em cada série e no conjunto delas certamente possibilita a abordagem de muito mais tópicos e aspectos dos mesmos de forma distribuída ao longo de cada ano e dos diversos anos.

Gostaríamos que o(a) professor(a) notasse que em muitos casos retomamos um mesmo trecho, trabalhando de cada vez um recurso e fato linguístico diferente. Isto foi feito para mostrar que um texto sempre tem muito material que pode ser trabalhado e, portanto, o que se trabalha depende apenas de nosso objetivo no momento. Este fato pode ser observado, por exemplo, com o primeiro parágrafo do

Texto 1 (Minha irmã Inês), que é usado no estudo de vários tópicos (no capítulo 3: causa e consequência, expressão de lugar e de posse; palavras que retomam e substituem outras; feminino dos nomes terminados em **ão** e no capítulo 4: sinônimos – sentido de palavras; hiperônimos e hipônimos).

Antes de passar aos exemplos de exercícios, é preciso anotar e reiterar que os exercícios foram construídos com base em:

a) *um recurso específico*;

b) *um tipo de recurso* (veja prefixos e sufixos — nos exercícios de vocabulário);

c) *uma instrução de sentido*;

d) ou *uma ação feita com o recurso ou função do mesmo*.

Atividades e exercícios focam todos no significado, nos sentidos, porque isto é fundamental para o letramento no que respeita às capacidades de entender o que se lê e de dizer exatamente o que se quer, com determinado sentido.

Essa é sem dúvida uma opção importante, pois só assim o aluno se torna capaz de perceber, por exemplo, onde o texto apresenta uma causa, uma consequência, uma escolha, um tempo, um modo, um lugar, uma quantidade etc. e que recursos exprimem tais ideias, bem como perceber que certos recursos exprimem certos sentidos, como, por exemplo, o fato de a flexão de número exprimir quantidade. Só assim também ele se tornará capaz de perceber relações semânticas entre elementos do texto (palavras, orações etc.) e como elas se estabelecem. Sem isto jamais será um bom produtor e leitor de textos. Evidentemente há elementos da língua escrita que representam aspectos mais da forma, mas que são importantes para o letramento como normas de ortografia, uso de maiúscula, pontuação (que pode também afetar o sentido), divisão silábica, concordância[30], entre outros. A observação de variação linguística será importante no letramento para capacitar o aluno a usar determinados recursos e formas da língua mais apropriadas a cada situação de interação comunicativa.

Sem tal foco no significado, no sentido e nas relações de sentido não há letramento real, de qualidade. Sem dúvida, isto é tão essencial ao letramento quanto outros aspectos que tradicionalmente se trabalha para o domínio da língua escrita e que especificamos no capítulo 2. Este trabalho com a significação é importante também para desenvolver a capacidade de produção e compreensão de textos orais.

Deve-se também incentivar os alunos a transferirem e aplicarem o conhecimento adquirido no estudo de um determinado tópico para outros recursos que encontrarão em textos que vão ler ou produzir, essencialmente as atitudes de questionar o que algo significa ou pode significar e que diferença de significação há entre recursos alternativos para o mesmo fim.

---

30 - Há muitos casos de concordâncias alternativas que afetam o sentido do que está sendo dito como ensinam as gramáticas e os estudos de Estilística, mas estes casos são para ser discutidos em séries mais adiantadas do Ensino Fundamental e no Ensino Médio. Nas séries iniciais o aluno aprende o aspecto formal da concordância nos casos gerais e mais obrigatórios.

3.2 Exercícios
3.2.1 Atividades organizadas a partir de um recurso específico

▶ **Sentidos da palavra de**

(50) **A)** A palavra **de** ajuda a exprimir várias ideias, dependendo das palavras que ela está ligando. Veja:

a) Fui à casa de Pedro jogar *videogame*. – *POSSE: a quem pertence alguma coisa: a casa pertence a Pedro.*

b) Ontem visitamos uma casa de pedra muito bonita. – *CARACTERÍSTICA: como é alguma coisa: a casa é feita de pedra e não de madeira, por exemplo.*

c) Viemos da casa de Pedro, onde tínhamos ido jogar *videogame*. – *ORIGEM: de onde algo é, ou de onde algo veio: o lugar de onde saímos é a casa de Pedro.*

Você notou que na frase **c** a palavra **de** está combinada com a palavra **a** (de + a= **da**)? Veja que interessante!

▸ COMBINANDO A PALAVRA DE

A palavra **de** pode aparecer combinada com outras, assim: do(s), da(s), dele(s), dela(s), deste(s), desta(s), desse(s), dessa(s), daquele(s), daquela(s), disto, disso, daquilo.

B) Indique qual ideia a palavra **de** (combinada ou sozinha) em destaque está ajudando a exprimir nos trechos abaixo:

a) posse b) característica c) origem

a) ( ) "Minha irmã Inês [...] e eu esperávamos à porta **de** um centro comercial que minha mãe voltasse das compras." (T1)

b) ( ) "Mas, dessa vez, a rainha usou um disfarce **de** demonstradora e deu uma barrinha de cereal pra ela provar no supermercado." (T3)

c) ( ) "[...] vamos nos mudar para um apartamento **de** cobertura, lindo, com espaço para festas de aniversário, natal, ano novo e mais as que vocês inventarem." (T4)

(50) Professor(a), a preposição **de** tem outros valores, mas cremos que os três apresentados seriam os mais plausíveis para serem trabalhados nas séries iniciais do Ensino Fundamental. Pensamos que não se pode trabalhar a pura vinculação sintática como em "As crianças gostam de joguinhos" ou o valor de especificação que aparece em trechos como "Na década de 50, militares levaram dois casais de teiús para devorar os ratinhos de Fernando de Noronha (PE)". (T13) ou "1 kg **de** polvilho doce/1 prato fundo **de** água/1 prato **de** banha/1 prato **de** queijo meia-cura ralado/1 prato **de** leite frio/1 colher de sopa **de** sal" (T14)

(50) Respostas
a) a, **b)** b, **c)** b.

Aqui trabalhamos a palavra "**de**" como preposição, mas não se trata esta classe de recursos linguísticos teoricamente, e sim por seu funcionamento e significação. Não importa a sua classificação, mas que o aluno perceba sua contribuição para a significação do texto. Por isso não pusemos como subtítulo "Preposição". O conceito de "palavra" é básico e usando-o podemos trabalhar com diversas classes de palavras, por meio de sua significação e função sem precisar teorizar sobre sua classificação. Isto poderá ser feito nos últimos anos do Ensino Fundamental e no Ensino Médio. O mesmo vale para a preposição "sobre" no próximo item. O valor de conectivo das preposições somente será trabalhado nos últimos anos do Ensino Fundamental, mostrando que elas sempre ligam elementos da frase, do texto, mas isto é passado um tanto intuitivamente para os alunos ao dizer "dependendo das palavras que ela está ligando" (cf. 50-A).

(50) Respostas
d) a, **e)** a, **f)** b, **g)** b, **h)** c, **i)** c, **j)** b.

---

d) ( ) "A língua das girafas chega a 40 centímetros de comprimento e, por ser bastante flexível, alcança cada orelha **desses** bichos." (T5) (Combinação de + esses)

e) ( ) "Os olhos **dos** jacarés absorvem o máximo de luz do ambiente [...]" (T5)

f) ( ) " — O pulo **de** lado é o segredo do Gato!" (T7)

g) ( ) "Eles vêm trazidos por viajantes, ou como bicho **de** estimação, ou para servir de alimento." (T13)

h) ( ) "Esse bichinho tão pequeno, mas que faz sua mãe subir na cadeira, é natural **do** Japão, **da** China e **do** leste asiático." (T13)

i) ( ) "*(O peixe-beta)* Foi trazido **da** Ásia para ser vendido aqui como bicho de estimação." (T13)

j) ( ) "[...] tomaram café com queijo, broa **de** fubá, biscoitos e se foram." (T15)

▶ Sentidos da palavra **sobre**

(51) Observe a palavra **sobre** nos trechos abaixo:

a) "Marque verdadeiro ou falso para os fatos incríveis **sobre** os animais abaixo e aprenda mais sobre eles." (T5)

b) "Os cangurus se locomovem **sobre** as duas patas traseiras." (T5)

c) Já os gorilas ficam parados **sobre** duas patas, mas se deslocam com a ajuda dos braços." (T5)

d) "Você já ouviu alguma das histórias **sobre** Carmela Caramelo?" (T9)

e) Viu então, **sobre** a mesa, uma travessa cheia de pastéis.

A palavra **sobre** ajuda a indicar duas coisas diferentes. Relacione as frases acima com o sentido que a palavra sobre ajuda a indicar:

a) o assunto, a coisa de que se está falando.
Resposta: a, d.

b) em cima de algo.
Resposta: b, c, e.

(51) Professor(a), trabalhamos com as preposições "de" e "sobre" a título de amostragem, porém, no correr de um curso, deve-se ir trabalhando com outras preposições como "a", "até", "após", "com", "desde", "em", "entre", "para", "por", além de muitas locuções (em frente de, ao redor de, ao lado de etc.). Nos textos do anexo, há outras preposições e locuções que poderiam ser trabalhadas. Inclusive pode-se mostrar que muitas preposições podem se relacionar tanto com a expressão de lugar quanto de tempo ou outras noções, assim, por exemplo: Estamos em casa (lugar); Estamos em dez de fevereiro (tempo); Desde ontem (tempo) ela está comendo bem; Desde a ponte do rio (lugar) já encontramos dezenas de vacas na estrada; Entre a Páscoa e o Natal (tempo), temos as festas juninas; Entre minha casa e a escola, (lugar) há várias sorveterias.
Os exercícios com "de" e "sobre" poderiam ser vistos como exercícios de vocabulário do tipo "vários sentidos da mesma palavra".

Agora faça duas frases: uma com a palavra "sobre" indicando assunto, outra com a palavra sobre indicando "em cima":

a)

b)

▶ Valores do sufixo -INHO

(52) A) O sufixo **-inho** é muito usado para indicar diminuição. Embora a diminuição se refira a tamanho pequeno, o sufixo **-inho** pode ser usado para indicar outras coisas:

a) Tamanho pequeno, reduzido.

b) Diminuição de algo que não o tamanho.

c) Desprezo, desvalorização.

d) Carinho.

e) Intensidade.

f) Pouca importância.

Relacione as ideias acima com a ideia que o sufixo **-inho** está exprimindo nas palavras em negrito das frases abaixo:

a) ( ) "— Ela cortou! Mas, dessa vez, a rainha usou um disfarce de demonstradora e deu uma **barrinha** de cereal pra ela provar no supermercado." (T3) Resposta: a.

b) ( ) "— Ah! Só um voo **rapidinho**. Por favor..." (T3)

Resposta: e.

c) ( ) "... e bailes com uns elfos bem **bonitinhos**." (T3)

Resposta: d.

d) ( ) "Quero entrar em forma. Chega de sermos desenhadas como titias rechonchudas, naqueles **livrinhos** onde você está sempre linda e maravilhosa." (T3)   Resposta: a.

e) ( ) "Vamos deixar a Branca aproveitar essa soneca mais um **pouquinho** então." (T3)   Resposta: b.

f) ( ) "E eu, para os meus **segredinhos**, também muitos." (T4)   Resposta: f.

B) Você observou que a Ana Luisa do texto "Festa de aniversário" (T11) gosta muito de usar diminutivos em **-inho**. Reveja abaixo todos os trechos em que ela faz isto e diga o que o sufixo/a terminação **-inho** está indicando ao ser posto (a) em cada palavra.

Para ajudá-lo, damos uma lista dos sentidos que o sufixo/terminação **-inho** pode acrescentar às palavras. Coloque a letra correspondente nos parênteses antes da palavra:

a) Tamanho pequeno, reduzido.

b) Diminuição de algo que não o tamanho.

c) Desprezo, desvalorização.

d) Carinho.

e) Intensidade.

f) Pouca importância.

g) Atenuação, tornar menos forte uma ideia.

a) Antes a mãe e o pai dela arrumaram tudo: enfeitaram a ( ) **pracinha** com bexigas, fitas, e uns negócios enroladinhos que pareciam uma chuva colorida.

Resposta: a.

b) A Dona Sandra, [...] pôs uma mesa eeenoooorme no meio da praça com um montão de coisas gostosas: refrigerante, suco, doce, pão de queijo, balas, bombons, bolo e umas ( ) **forminhas** ( ) **bonitinhas** com um creme dentro ( ) **cheinho** de ( ) **bolinhas** coloridas.

Resposta: a, d, e, a.

c) Minha mãe fala que tô ( ) **gordinha**, mas me entupi daquele ( ) **creminho**.

Resposta: g, g.

d) Sabe aquela casa que tem umas meninas ( ) **pobrezinhas** e umas até quase ( ) **ceguinhas**?

Resposta: d, g.

e) Foi todo mundo na festa. Um mundo de gente: a turma da escola, os amigos da rua e até aquele menino ( ) **chatinho**, sabe o Sergim?

Resposta: g.

f) A Laís, aquela ( ) **isibidinha** é que gostou e disse "bem feito!".

Resposta: c.

C) Nas duas frases abaixo do texto "A festa de aniversário" foi usado o diminutivo em nomes de pessoas. Discuta com seus colegas por que fazemos o diminutivo de nomes de pessoas?

a) Hoje vou te contar como foi a festa de 09 anos da **Robertinha**.

b) Foi todo mundo na festa. Um mundo de gente: a turma da escola, os amigos da rua e até aquele menino chatinho, sabe o **Sergim**?

(52) Resposta
C) Geralmente, o diminutivo em nomes próprios de pessoa demonstra carinho ou é usado quando se tem uma criança com o mesmo nome do pai ou da mãe.

▶ Alongamento de vogais

(53) A) Reveja o trecho do texto de Carmela Caramelo (T9) que diz o que acontecia quando ela se desequilibrava. Nesse trecho, a autora repete as letras da palavra **oi** que aparece seis vezes:

"Era um ooooooooooooooooooooo iiiiiiiimmmoooooooooiiiiimm-moooooiiiiiiiiiiimmmmoooo iiimmmmmmmoooooiiiiiiiiiiiiimm-mooooiiiiiiiiiimm e Carmela endireitava o corpo,..." (T9)

(53) Respostas
a) Quando Carmela se desequilibra, ela ou os que a veem soltam a exclamação **oi**, mas bem alongada, mostrando/sugerindo quanto tempo ela fica desequilibrada, quase caindo.
b) os mmmm representam um som longo emitido pelas pessoas (seria uma redução de hum), quando Carmela parece se equilibrar, mas volta a balançar, ameaçando cair.

a) Por que a autora faz isto? Para representar o quê?

_____

_____

b) O que representam os mmmm intercalados entre os oi?

_____

_____

B) Agora veja outros casos em que o produtor do texto alongou a vogal de uma palavra:

a) "A Dona Sandra, sabe?, a mãe da Robertinha, pôs uma mesa **eeenoooorme** no meio da praça com um montão de coisas gostosas: refrigerante, suco, doce, pão de queijo, balas, bombons, bolo e umas forminhas bonitinhas com um creme dentro cheinho de bolinhas coloridas." (T11)

b) Mamãe, o almoço está pronto? Porque eu estou com **muiiiita** fome.

c) **Viiiiiiiiiva!** Tirei nota máxima em Português.

Esse alongamento da vogal intensificou o tamanho da mesa (frase a), a fome (frase b) e a alegria (frase c) expressas nessas frases. Esse recurso é mais da língua oral, mas às vezes colocamos na escrita para imitar a fala e mostrar o como alguém falou algo.

> Em casa pense algo que você podia falar alongando a vogal e pense o que o alongamento indica. Escreva a frase com o alongamento. Na sala o(a) professor(a) vai indicar vários alunos para dizer o que pensaram. A turma diz o que o alongamento indica e o(a) professor(a) diz se está correto.

Para atividades organizadas a partir de um recurso específico veja também, no capítulo 4, em "Diferentes sentidos da mesma palavra" o exercício (106) sobre os sentidos e valores da palavra "como" e todos os exercícios de vocabulário sobre palavras específicas. Outro exemplo de recurso específico seria o trabalho com o sufixo "_MENTE" no exercício (86).

3.2.2 Atividades organizadas a partir de um tipo de recurso

▶ **Repetição de palavras**

(54) **A)** No texto "O folclore do mestre André" (T15), o autor repete três vezes a palavra **brincar**:

> "Os dias começavam com uma bela mesa de café e depois era só **brincar, brincar e brincar.**" (T15)

O autor repetiu a palavra "brincar" para (assinale a afirmativa melhor):

a) Intensificar a ideia expressa pela palavra, torná-la mais forte.

b) Enfatizar o que era feito.

c) Indicar que algo durou muito tempo.

Resposta: b.

B) Agora procure explicar por que o autor do texto "Carmela Caramelo" repetiu o verbo balançar para formar uma palavra:

> "... soltava uma gargalhada tão forte, que mexia tudo, dos pés até a cabeça, num **balança-balança** que era uma delícia de ver." (T9)

Resposta: foi um modo de enfatizar o quanto ela balançava ao rir.

C) Relacione a frase com a razão que explica por que a palavra em negrito foi repetida em cada frase:

a) Para enfatizar a ideia, mostrando sua importância.

b) Para indicar uma duração maior da ação, que algo foi feito por muito tempo.

c) Para tornar a ideia mais forte, mas intensa.

d) Para indicar quantidade.

a) ( ) Amanheceu. Como o céu estava **azul, azul, azul**, certamente iríamos fazer o piquenique que mamãe falou.   Resposta: c.

b) ( ) Leonardo foi ao bambuzal. **Procurou, procurou, procurou**, mas não achou um saci nos gomos dos bambus, como ensinara Inhô Quim.   Resposta: b.

c) ( ) Você fica **comendo, comendo e comendo**. Cuidado! Pois vai acabar passando mal.   Resposta: d.

d) ( ) Carolina **chamava, chamava, chamava**, mas ninguém respondia.   Resposta: d.

e) ( ) Entramos. Estava **escuro, escuro** e não se enxergava nada.   Resposta: c.

▶ VERBO – Conceito

(55) Observe as palavras destacadas nos trechos abaixo:

a) "O vendedor **perguntou** se queríamos molho de tomate ou de mostarda." (T1)

b) "**Olhei** para baixo com ar inquiridor, e ela **reclamou**:
— Sem nada não, com salsicha!" (T1)

c) "Só assim **evitaremos** que os criadouros do mosquito **apareçam**." (T6)

d) Os mosquitos da dengue **morreram** todos, porque não **deixamos** lugares que podem **acumular** água.

e) O mosquito da dengue **é** traiçoeiro.

f) Minha irmã **parece** feliz.

As palavras destacadas são **verbos**.

▶ VERBOS

São palavras que indicam época (passado, presente ou futuro) e
▶ expressam:

a) ação: algo que um ser faz. Exemplos: perguntar, olhar, reclamar, evitar, andar, vender, dividir, consertar etc.

b) acontecimento: algo que se passa com um ser. Exemplos: aparecer, morrer, acumular, cair, quebrar etc.

c) fenômenos da natureza: exemplos: chover, nevar, ventar, relampejar, trovejar, escurecer etc.

▶ **ou ligam e atribuem uma característica ou estado aos seres:** exemplos: ser, estar, parecer etc.

A) Diga se os verbos em destaque nas frases abaixo expressam *ação, acontecimento* ou *fenômeno da natureza* ou se *ligam e atribuem uma característica ou estado a um ser*:

a) **"Converse** com todos no bairro..." (T6) _____
_____Resposta: ação.

b) "Na curva da estrada **surgiu**, então, uma figura mascarada vestindo uma roupa larga e estampada, cheia de fitas coloridas." (T15) _____ Resposta: acontecimento.

c) "Foi na loja do Mestre André que eu **comprei** uma sanfona..." (T15) _____
_____Resposta: ação.

d) "Pra mim aquilo **era** o demônio que vinha cobrar nossos pecados." (T15)_____
_____Resposta: liga e atribui uma característica a um ser.

e) "Converse com todos no bairro, mas principalmente com aqueles vizinhos que **possuem** casas com jardins com muitas plantas, calhas ... enfim locais que acumulem água." (T6)
_____Resposta: acontecimento.

f) **Choveu** na hora da festa de reis. _____
_____Resposta: fenômeno da natureza.

g) "Todo janeiro, a fazenda dos meus avós, no interior de Minas, **ficava** estufada de primos e tios." (T15) ____
_____
_____Resposta: liga e atribui uma característica a um ser.

> **▸ VERBOS**
>
> Nos dicionários, os verbos não aparecem com as formas que estão nos textos, mas com a sua forma terminada em -AR, -ER, -IR e -OR. Assim quando for procurar os verbos no dicionário, procure-os com essas formas. Por exemplo, os verbos das frases acima aparecem no dicionário assim: conversar, surgir, comprar, ser, possuir, chover, ficar. Temos também verbos em -OR: pôr, repor.

B) Agora escreva duas frases: uma com um verbo que expressa ação e outra com um verbo que expressa fenômeno da natureza:

a) ação: _____

b) fenômeno da natureza: _____

▸ VERBO – Tempo

(56) Dissemos que o verbo indica **época**, isto é:

> **a) passado:** se o que o verbo expressa ocorreu antes do momento em que falamos. Exemplos:
>
> - Os meninos jogaram vôlei a tarde toda.
> - Todos os dias eu chupava um picolé quando estava voltando da escola.
> - Quando fomos ver, tinha caído um balão enorme no quintal.

b) presente: se o que o verbo expressa está ocorrendo no momento em que falamos, ao mesmo tempo que estamos falando. Exemplos:

- Cristina está lendo a história das férias das fadas.
- Moro na Rua Marechal Deodoro.

c) futuro: se o que o verbo expressa vai ocorrer depois do momento em que falamos. Exemplos:

- Com certeza vai chover hoje.
- A meteorologia diz que choverá amanhã em todo o Brasil.

Estas épocas são chamadas de tempos do verbo.

Observe o caso contado no texto "Minha irmã" (T1) e diga em que época foram colocados os fatos ali expressos:

a) ( ) No passado: antes do momento da fala.

b) ( ) No presente: ao mesmo tempo do momento da fala.

c) ( ) No futuro: depois do momento da fala.

Resposta: a.

---

(57) Diga em que tempo estão os verbos em negrito nos trechos:

a) "Sabe-se lá em que milênio **teremos** outras férias." (T3)

Resposta: futuro.

b) "— Todos os príncipes **estão participando** do *reality show* "O Rei Encantado". (T3)

Resposta: presente.

c) "*(Os príncipes)* **Vão passar** um mês trancados num castelo, pra ver quem se torna rei." (T3)

Resposta: futuro.

d) "Na década de 50, militares **levaram** dois casais de teiús para devorar os ratinhos de Fernando de Noronha (PE)." (T13)

Resposta: passado.

e) "Por pura coincidência, **estou hidratando** minhas asas no momento. Até março, Cinderela!" (T3)

Resposta: presente.

f) "Antes a mãe e o pai dela **arrumaram** tudo: **enfeitaram** a pracinha com bexigas, fitas, e uns negócios enroladinhos que pareciam uma chuva colorida." (T11)

Resposta: passado.

g) "Só depois de uma entrevista virtual, **terei** coragem de escolher um novo lar para o meu querido amigo." (T4)

Resposta: futuro.

Professor(a), em vários exercícios como em (57), temos utilizado frases de vários textos e, às vezes, ainda alguma(s) frase(s) criada(s), para mostrar diversos valores ou fatos. Num curso regular, os valores podem ser ensinados aos poucos, conforme forem aparecendo nos textos ou em uso na fala dos alunos e também nos seus textos. O uso de frases criadas pode ser necessário para contrapor significações e valores e introduzir recursos alternativos, enriquecendo a competência comunicativa do aluno, pelo conhecimento de um número cada vez maior de recursos.

▶ VERBO – Formas para expressão de tempo

(58) Você deve ter percebido no exercício (57) que a mesma época ou tempo (passado, presente, futuro) pode ser expressa por mais de uma forma do verbo. Se não volte lá e preste atenção. Observe as formas abaixo:

a) Presente

- **Moro** em Santa Rita[31].
- **Estou morando** em Santa Rita.

b) Passado

- Eu **morei** em Santa Rita.
- Eu **morava** em Santa Rita antes de mudar para cá.
- Eu **tinha morado** em Santa Rita antes de morar em Lagoa Santa.

c) Futuro

- Eu **morarei** em Santa Rita.
- Eu **vou morar** em Santa Rita.

---

31 - Frase inspirada no texto 11: "Tá gostando de morar aí em Santa Rita?".

A) Preencha as lacunas com os verbos indicados no tempo pedido:

a) Nós _____ no time de vôlei da escola (jogar/futuro) Resposta: vamos jogar ou jogaremos.

b) Os alunos da escola _____ a olimpíada de redação. (ganhar/passado) Resposta: ganharam.

c) Todos _____ ao filme na sala. (estar assistindo/presente) Resposta: estão assistindo.

d) Todos _____ ao filme na sala quando a televisão queimou. (assistir/passado) Resposta: assistiam.

e) Meus filhos _____ muitos livros. (ter/presente) Resposta: têm.

f) Cada um de vocês _____ uma história para os colegas. (contar/futuro) Resposta: contará ou vai contar.

B) Passe os trechos abaixo para o tempo indicado:

a) Meu coração **está partido**. (T4) (do presente para o passado) Resposta: estava.

b) **Vamos nos mudar** para um apartamento de cobertura. (T4) (do futuro para o presente)

Resposta: estamos nos mudando.

c) Um amigo de meu pai, o Breno, se **ofereceu** para cuidar dele por um tempo. (T4) (do passado para o futuro)

Resposta: se oferecerá/vai se oferecer.

▶ VERBO – Verbos auxiliares

(59) Alguns verbos pedem ajuda, auxílio a outros para expressar as ações, acontecimentos ou fenômenos. Esses verbos que ajudam os outros são chamados de **verbos auxiliares** e o outro é o **principal.** Veja alguns exemplos retirados dos textos. Indicamos entre parênteses a ideia que o auxiliar (sublinhado) está ajudando o principal a exprimir:

a) "**Quero entrar** *(desejo)* em forma. Chega de sermos desenhadas como titias rechonchudas, naqueles livrinhos onde você está sempre linda e maravilhosa." (T3)

b) "É hora de o Brasil, mais uma vez, se proteger da dengue. O combate **tem que** continuar." *(obrigação)* (T6)

c) "Elimine os lugares onde o mosquito **pode se reproduzir.**" *(possibilidade)* (T6)

d) "Junte um grupo de amigos [...] e **comece** [...] **a combater** *(início)* a dengue." (T6)

A) Diga que ideia o auxiliar sublinhado está introduzindo, relacionando as duas colunas:

a) possibilidade

b) desejo

c) início

d) futuro

e) término

f) necessidade

g) obrigação

h) presente

a) ( ) "**<u>Quero</u> doar** um labrador, o Hermes, para uma pessoa que goste muito, mas muito mesmo de cães." (T4)

Resposta: b.

b) ( ) <u>**Estamos**</u> **ensaiando** para o desfile de sete de setembro.

Resposta: h.

c) ( ) Mamãe <u>**terminava de**</u> **assar** os pães de queijo quando a turma chegou.

Resposta: e.

d) ( ) "Pelo contrário, ela come insetos que **<u>podem</u> transmitir** doenças." (T13).

Resposta: a.

e) ( ) "O combate <u>**tem que**</u> **continuar**." (T6)

Resposta: g.

f) ( ) Nós <u>**precisamos**</u> **combater** a dengue ou ela vai aumentar e matar muita gente.

Resposta: f.

g) ( ) "Dengue <u>**pode**</u> **matar**." (T6)

Resposta: a.

h) ( ) Amanhã <u>**vamos**</u> **chupar** jabuticaba na casa do Sérgio.

Resposta: d.

▸ VERBO – Vozes

(60) A) Observe os fatos registrados nos dois trechos do texto "Os penetras" (T13):

a) "O sapo-cururu, ou sapo-boi, é um bicho brasileiro que **foi levado** para a Austrália para comer insetos nas plantações. Ele se multiplicou e virou uma praga por lá, já que não **é devorado** pelos animais do local." (T13)

b) "Com suas manchinhas vermelhas, essa tartaruga, da América do Norte, **foi levada** a muitos locais do Brasil para **ser criada** como bicho de estimação. O problema é que, quando ela cresce e passa a não caber mais no aquário, **é abandonada** pelos donos." (T13)

Agora responda:

a) Você acha que os verbos em negrito no trecho **a**, com o verbo **ser** usado como auxiliar, indicam algo que o sapo-cururu fez ou algo que alguém fez com ele?

Resposta: Algo que alguém fez com ele.

b) E na frase **b**? Os verbos em negrito indicam algo que a tartaruga fez ou algo que fizeram ou fazem com ela?

Resposta: Indicam algo que fizeram com a tartaruga.

c) E nas frases abaixo, o sapo-cururu e a tartaruga fizeram alguma coisa ou alguma coisa foi feita com eles? O que fizeram ou foi feito com eles?

- O sapo-cururu **devorou** dezenas de insetos.

- A tartaruga com manchas vermelhas **arranhou** o aquário.

Resposta: Eles fizeram algo: a) devorar os insetos; b) arranhar o aquário.

B) Podemos mudar as frases para dizer o que foi feito com os insetos e com o aquário. Veja:

a) Dezenas de insetos **foram devorados** pelo sapo-cururu.

b) O aquário **foi arranhado** pela tartaruga com manchas vermelhas.

Agora você:

a) Faça uma frase em que você diz algo que o sapo-cururu fez.

_____

Resposta pessoal. Exemplo: O sapo-cururu pulou dentro do riacho.

b) Faça uma frase em que você diz algo que foi feito com o sapo-cururu, usando o verbo **ser** como auxiliar.

_____

Resposta pessoal. Exemplo: Um sapo-cururu foi encontrado no jardim. O sapo-cururu foi aprisionado pelos meninos. O sapo-cururu foi caçado pela cobra.

▶ VERBO – Verbos de ligação

(61)[32] Veja a seguir a frase do texto "O pulo" (T7):

"O Gato **ficou** muito desconfiado, mas concordou." (T7)

---

32 - Professor(a), este exercício objetiva mostrar a diferença de sentido entre verbos de ligação. A forma da atividade aqui proposta pode ser vista como um exercício de vocabulário de diferença de sentido entre sinônimos, já que todos os verbos de ligação ligam uma característica a um ser. O que importa não é a classificação do exercício, mas que o aluno perceba a diferença de sentido entre os verbos de ligação. Nas primeiras séries, apenas a diferença entre os mais usados.

O verbo **"ficar"**, em negrito, indica que o Gato não estava desconfiado, mas que passou a ficar desconfiado a partir do pedido da Onça.

O autor podia usar outros verbos no lugar do verbo ficar, mas o sentido mudaria. Veja:

a) O gato **estava** muito desconfiado, mas concordou.

b) O gato **é** muito desconfiado, mas concordou.

c) O gato **parecia** muito desconfiado, mas concordou.

Com o verbo "ficar" o autor indicou uma mudança (de não desconfiado para desconfiado), mas com os outros verbos o sentido muda. Pense e relacione as frases acima com o sentido que cada verbo em negrito expressa:

a) ( ) O autor não tem certeza se o gato estava ou não desconfiado. Resposta: c.

b) ( ) O autor diz que o gato apresenta a característica de desconfiado num determinado momento. Resposta: a.

c) ( ) O autor diz que o gato tem sempre a característica de desconfiado. Resposta: b.

▶ VERBO – Trabalhando a construção de textos injuntivos com imperativo e infinitivo[33]

(62) Respostas
Os trechos iniciados com os seguintes verbos: Elimine os lugares [...]/ Encontre todos os lugares [...]/Cuide da sua casa [...]/Junte um grupo [...] e comece a combater [...]/ Organize mutirões e desenvolva ações [...]/ Converse com todos no bairro [...]/[...] informe aos órgãos[...]/Procure os agentes de saúde [...]

(62) Professor(a), há muitos trechos que dizem o que se deve fazer para combater a dengue, todos construídos com o verbo no imperativo afirmativo. O que se quer é que o aluno perceba que esses trechos determinam algo a ser feito e intuitivamente incorpore a forma do verbo para fazer a determinação.

(62) A) Em muitos textos o autor nos diz o que devemos fazer ou como fazer alguma coisa. Nós também podemos fazer textos assim. O texto 6 sobre a dengue nos diz o que devemos fazer para combatê-la.

> Retire do texto três trechos em que o autor nos diz coisas que devemos fazer ou temos que fazer. No quadro, a turma faz a lista de todos os trechos que há no texto, nos dizendo o que fazer.

Nestes trechos você vai observar que o autor determina para todos o que fazer.

B) No outro texto do capítulo "Pão de queijo à moda de Odília", Stef, no trecho "Modo de fazer", determina o que fazer e como devemos fazer pão de queijo.

---

33 - Professor(a), as atividades desse tópico talvez sejam mais para o 4º e o 5º anos.

Ele usa a mesma forma do verbo que o autor do texto da dengue usou. Veja:

a) **Leve** a água mais a banha e o sal a ferver.

b) Com a mistura **escalde** o polvilho numa tigela grande onde vai ser feita a massa.

c) **Misture** bem para desmanchar os grumos todos.

Podemos para o mesmo fim (determinar o que fazer) usar o verbo tal como ele aparece no dicionário, com as formas terminadas em **-ar, -er, -ir** e **-or**, assim:

a) **Levar** a água mais a banha e o sal a ferver.

b) Com a mistura **escaldar** o polvilho numa tigela grande onde vai ser feita a massa.

c) **Misturar** bem para desmanchar os grumos todos.

(62) Professor(a), leve o aluno a mudar todos os verbos no imperativo para o infinitivo, para que ele perceba que continuamos determinando o que fazer e, portanto, há mais de uma maneira de determinar que algo seja feito ou que seja feito de determinado modo.

(62) Respostas
acrescentar/
continuar/pôr/
sovar/untar/fazer/
assar.

Modifique duas frases do resto da parte "Modo de fazer" do texto ensinando a fazer pão de queijo, passando o verbo que determina o que fazer para a forma com **-ar, -er, -ir** e **-or**.

(63) Vamos dar ordens? Veja como podemos fazê-lo de dois modos diferentes:

a) **Lavar** as mãos antes de comer./**Lave** as mãos antes de comer!

b) Ao sair, **apague** as luzes e **feche** a porta!/Ao sair, **apagar** as luzes e **fechar** a porta!

c) **Coloquem** as bolas no cesto, ao terminar o jogo./**Colocar** as bolas no cesto, ao terminar o jogo.

a) Dê uma ordem para alguém, fazendo-o dos dois modos exemplificados acima.

(63) Respostas
Resposta pessoal.
Exemplo: Tragam o
livro de histórias
amanhã!/Trazer o
livro de histórias
amanhã.

b) Em sala cada aluno ou aqueles que o(a) professor(a) sortear apresentam suas ordens e todos dizem se está certo.

Professor(a), evidentemente o verbo é um tópico muito rico e, nos cinco anos iniciais do Ensino Fundamental, será necessário ir trabalhando com muito mais elementos do que os apresentados aqui. Nossa amostra de atividades busca apenas evidenciar que é possível tratar de certos elementos com os alunos desses anos iniciais, especialmente sua significação e seu uso. A conjugação de verbos nos tempos flexionais (Indicativo: presente, pretéritos imperfeito, perfeito e mais-que-perfeito, futuros do presente e do pretérito/Subjuntivo: presente, pretérito imperfeito e futuro/Imperativo: afirmativo e negativo/ Formas nominais: infinitivo, gerúndio, particípio, além de algumas formas compostas ou perifrásticas) e pessoas mais usados pode se valer muito de exercícios estruturais que ao mesmo tempo trabalham a concordância verbal básica (cf. exercício 64).

(63) Professor(a), seria bom levar os alunos a perceberem que a ordem com o infinitivo é atenuada e há situações em que não pode ser usada: por exemplo, quando se fala diretamente com a pessoa.

▸ VERBO – Concordância/Conjugação

(64) Vamos brincar de trocar palavras na frase. Ao trocar, veja se outra palavra da frase precisa ser modificada para combinar com a nova palavra colocada:

(64) Respostas
a) Minha irmã e eu compramos/O menino comprou/Nós compramos/O menino e sua irmã compraram/Eles compraram/Você comprou um cachorro-quente.

b) Ela está preocupada/Cinderela e o príncipe estão preocupados/Eles estão preocupados/Eu estou preocupado (a)/Eu e a fada madrinha estamos preocupados/Vocês estão preocupados com Branca de Neve.

(64) Professor(a), para o ensino de concordância, veja também os exercícios (14), (15) e (16).

a) [34] **Eu** comprei um cachorro-quente.

- Minha irmã e eu _____

- O menino _____

- Nós _____

- O menino e sua irmã _____

- Eles_____

- Você _____

b) **Cinderela** está preocupada com Branca de Neve.

- Ela _____

- Cinderela e o príncipe_____

- Eles _____

- Eu _____

- Eu e a fada madrinha _____

- Vocês _____

---

34 - A frase **a** para modificar é inspirada no texto 1 ("Minha irmã Inês"), e a frase **b** é inspirada no texto 3 ("As férias das fadas"). Exercícios como estes podem ser feitos oralmente desde a pré-escola ou educação infantil. Após a aquisição do código escrito, podem ser feitos também por escrito. Os alunos sempre gostam muito desse tipo de exercício como um jogo, mas não devem durar muito tempo. É preferível uma pequena sessão a cada aula.

▶ Número: Singular x Plural[35]

(65) Vamos conversar sobre número: singular e plural.

> **Singular e Plural**
>
> As palavras que são nomes dos seres (pessoas, animais, plantas, coisas, objetos, lugares, sentimentos, enfim tudo o que existe) mudam de forma para indicar **quantidade**:
> - um (01) – quando dizemos que a palavra está no **singular**: gato, boi, menino, mulher, anão, flor, maçã, garfo, caneta, montanha, rio, saudade, amor etc.
> - mais de um (02 ou mais) – quando dizemos que a palavra está no **plural**: gatos, bois, meninos, mulheres, anões, flores, maçãs, garfos, canetas, montanhas, rios, saudades, amores etc.
>
> A maior parte dos nomes de seres faz o plural apenas acrescentando um **S**.

A) Nas frases, passe a palavra em negrito para o plural e mude o que for preciso para combinar com ela:

---

35 - Professor(a), a flexão de número é um tipo de recurso. A primeira atividade destaca o valor semântico dessa flexão, ou seja, sua significação. Os demais exercícios sobre flexão levam o aluno apenas a trabalhar a forma de flexão.

(65) Professor(a), o estudo das flexões será sempre acompanhado do estudo da concordância. Se preciso, vá chamando a atenção dos alunos para a concordância, sempre mostrando a eles que a mudança em uma palavra da frase pode exigir mudanças em outras para combinarem com a nova forma da palavra modificada. A concordância irá sendo feita intuitivamente e aprendida como um automatismo. Exercícios estruturais podem ajudar muito no trabalho com a concordância.

(65) Respostas
A) a) Mamãe deu banho nos nossos gatos.
b) Os meninos jogaram futebol.
c) Os tatus gostam de cavar buracos.
d) As camisas que ganhei no meu aniversário são bonitas.

B) O enfeite de Natal que fizemos ficou bonito./A alegre brincadeira de nossa infância jamais é esquecida. /A meteorologia prevê violentas tempestades para esta semana. As corujas são uns bichos silenciosos.

---

a) Mamãe deu banho no nosso **gato**.

b) O **menino** jogou futebol.

c) O **tatu** gosta de cavar buracos.

d) **A camisa** que ganhei no meu aniversário é bonita.

B) Veja que o plural das características não indica quantidade. As características (em negrito) vão para o plural ou ficam no singular apenas para combinar com os seres a que se referem (sublinhados):

a) <u>Os enfeites de Natal</u> que fizemos ficaram **bonitos**.

b) As **alegres** <u>brincadeiras</u> de nossa infância jamais são esquecidas.

c) A meteorologia prevê uma **violenta** <u>tempestade</u> para esta semana.

d) A coruja é um <u>bicho</u> **silencioso**.

Agora passe para o plural o que está no singular e para o singular o que está no plural.

▸ Plural dos nomes em -AL, -EL, -OL, - UL

(66) Observe nos trechos abaixo como as palavras terminadas em **-al** (quintal, local e animal) fizeram o plural:

a) "Converse com todos no bairro, mas principalmente com aqueles vizinhos que possuem [...] **quintais** com entulho, enfim, **locais** que acumulem água." (T6)

b) "Sílvia Ziller aconselha que você nunca traga **animais** quando voltar de uma viagem." (T13)

A) Agora complete:

a) As palavras terminadas em **-al** fazem o plural trocando o L por _____.
Resposta: IS.

B) Passe as frases abaixo para o plural:

a) Já brinquei em muito **carnaval**.
Resposta: Já brinquei em muitos carnavais.

b) O professor **atual** nos ensina muitas coisas novas.
Resposta: Os professores atuais nos ensinam muitas coisas novas.

c) O **bambuzal** assoviava com o vento.
Resposta: Os bambuzais assoviavam com o vento.

d) Vamos fazer uma figura **oval**.
Resposta: Vamos fazer figuras ovais.

> **▶ SAIBA**
>
> As palavras terminadas em -el, -ol e -ul também fazem o plural como as terminadas em -al: trocando o L por IS.
>
> **papel – papéis   anzol – anzóis   azul – azuis**

(66) Professor(a), as poucas palavras terminadas em -ul (bulbul, caracul, elul, paul, peul) são muito pouco frequentes para serem trabalhadas com alunos das séries iniciais. Cônsul e exul (ou exule) têm plural em -es: cônsules e exules. Outras palavras estão em desuso ou têm outra forma, mais usada (baul, curul, ful, miul, pul, taful, tamul, tribul). A outra palavra mais frequente é "sul", mas seu plural (suis) raramente é usado. Assim sendo, basta trabalhar o plural de "azul".

(66) Respostas
a) Quero que vocês sejam amáveis com as visitas.
b) Procurem caracóis no jardim.
c) Os navios espanhóis eram poderosos.
d) Quero comer pastéis no jantar.

(66) Professor(a), aqui o aluno poderá usar o nome da moeda brasileira ou o adjetivo ligado à realidade.

C) Agora você. Passe para o plural:

a) Quero que **você** seja **amável** com as visitas.

_____

b) Procurem um **caracol** no jardim.

_____

c) O **navio espanhol** era poderoso.

_____

d) Quero comer **pastel** no jantar.

_____

D) Faça duas frases com as palavras abaixo, usando-as no plural:

a) cafezal:

_____

_____

b) real:

_____

_____

▶ Plural dos nomes em Z

(67) Veja que o plural de "feliz" é "felizes", feito acrescentando ES:

> "As crianças logo perceberam que o mundo, colorido, era muito mais bonito que o mundo cinzento e isso as deixava muito **felizes**." (T2)

▶ SAIBA

Todas as palavras terminadas em -z fazem o plural assim: acrescentando ES.

Faça o plural das palavras abaixo e depois escolha uma delas, fazendo frases com a palavra escolhida no singular e no plural:

a) raiz: _____ luz: _____

atriz: _____ juiz: _____

rapaz: _____ feroz: _____

capaz: _____ veloz: _____

b) singular:

_____

c) plural:

_____

▶ Plural dos nomes em -R

> **(68)** "Todos os sapos são ótimos sal-tadores." (T5)

> **▶ SAIBA**
>
> Você vê no trecho acima que a palavra saltador, terminada em -r, faz o plural acrescentando ES.

A) Reescreva as frases abaixo colocando a palavra em negrito no plural. Se for preciso, modifique outras coisas na frase para combinarem com a palavra no plural:

a) "O **vendedor**, referindo-se aos molhos, perguntou se queríamos de tomate ou mostarda..." (T1)

b) A **mulher** saiu correndo procurando os filhos.

c) Coloque o **ventilador** em cima da mesa.

d) Mamãe pediu para eu lavar a **colher**.

e) O **torcedor** ficou feliz com a vitória de seu time.

(68) Respostas
a) Os vendedores, referindo-se aos molhos, perguntaram se queríamos de tomate ou mostarda.
b) As mulheres saíram correndo procurando os filhos.
c) Coloque os ventiladores em cima da mesa.
d) Mamãe pediu para eu lavar as colheres.
e) Os torcedores ficaram felizes com a vitória de seu time.

B) Preencha a lacuna com a palavra entre parênteses, de modo que ela fique de acordo com a frase:

a) As _____ (flor) que ganhei murcharam.

Resposta: flores.

b) Vovó não gosta de usar os _____ (coador) de papel para fazer café.

Resposta: coadores.

c) Aqui dentro da quadra os _____ (celular) não funcionam.

Resposta: celulares.

d) Os _____ (tambor) são importantes na bateria das escolas de samba.

Resposta: tambores.

▸ Plural das palavras em -ão[36]

(69) Veja nos exemplos abaixo que as palavras terminadas em -ão fazem o plural de três modos diferentes: **-ãos, -ães** e **-ões**:

"— Peça ajuda aos **anões**." (T3)

"Quero doar um labrador, o Hermes, para uma pessoa que goste muito, mas muito mesmo de **cães**." (T4)

Todos devem lavar as **mãos** antes de se alimentar.

a) Como é o singular das palavras em negrito nas frases acima? _____

---

36 - Professor(a), aqui já selecionamos as palavras em -ão cujo plural e feminino os alunos devem aprender nas séries iniciais, por serem as mais frequentes.

Veja mais algumas palavras terminadas em **-ão** e como elas fazem o plural. Se encontrar mais palavras terminadas em **-ão**, coloque-as no quadro no lugar adequado de acordo com o modo como fazem o plural.

ÃOS	ÕES	ÃES
mão	feijão	pão
irmão	balão	alemão
grão	leão	capitão
órgão	milhão, bilhão, trilhão	
órfão	mamão	
	botão	
	verão	

Colocamos no singular as palavras sublinhadas nas frases abaixo dos textos que lemos. Volte-as para o plural:

a) Ou <u>folião</u> e <u>festeiro</u> das nossas festas tão populares. (T15)

b) Organize um <u>mutirão</u> e desenvolva uma <u>ação</u> de mobilização na sua comunidade. (T6)

c) Faça as bolas e asse o <u>pão</u> de queijo em forno médio até ficarem bem corados. (T14)

d) No meio da poeira, logo atrás do mascarado, vinham os músicos tocando viola, <u>violão</u>, tambores e pandeiros. (T15)

(69) Respostas
a) "Ou foliões e festeiros das nossas festas tão populares."
b) "Organize mutirões e desenvolva ações de mobilização na sua comunidade."
c) "Faça as bolas e asse os pães de queijo em forno médio até ficarem bem corados."
d) "No meio da poeira, logo atrás do mascarado, vinham os músicos tocando viola, violões, tambores e pandeiros."

▶ Feminino dos nomes em -ão

(70) A frase abaixo mostra que a palavra irmão fez o feminino mudando o **ão** em **ã**:

"Minha **irmã** Inês, que na época tinha uns 3 anos, e eu esperávamos à porta de um centro comercial que minha mãe voltasse das compras." (T1)

Na verdade as palavras terminadas em **-ão** fazem o feminino de três modos. Veja:

Feminino em Ã	Feminino em OA	Feminino em ONA
anão	patrão	valentão
cidadão	leão	comilão
alemão	leitão	babão
campeão		brincalhão
cristão		chorão

Escolha uma palavra de cada quadro (uma que faz o feminino em Ã, outra em OA e outra em ONA) e faça uma frase com cada uma no feminino. Em sala, cada aluno fala uma frase e o(a) professor(a) e os colegas dizem se ficou correto.

▶ Pontuação[37]

(71) Respostas
Para sugerir que Ana Luisa ao mesmo tempo pergunta algo a Pam (se ela sabia que Robertinha tinha ganhado dez bonecas no aniversário do ano anterior), mas também se admira do número de bonecas que a amiga ganhou.

(72) Professor(a), a parte de A pode ser trabalhada oralmente por você, mostrando para o aluno a construção de diálogos e de narrativas com introdução de falas de personagens, inclusive mostrando que quem introduz esta fala é um verbo *dicendi*. O uso adequado de toda e qualquer pontuação deve ser observado nos textos dos alunos.

Uso de dupla pontuação

(71) Geralmente usamos apenas uma pontuação no final da frase: o ponto final (.) ou o ponto de interrogação (?) ou o ponto de exclamação (!) e às vezes as reticências (...):

> Releia o texto "Festa de aniversário" (T11) e discuta com seus colegas em grupo: Por que a autora usou, ao mesmo tempo, ponto de interrogação e de exclamação na frase abaixo?
>
> "Acredita que no ano passado ela ganhou dez bonecas?!" (T11)

Uso de travessão

(72) A) O autor do texto "As férias das fadas" (T3) escreve um diálogo de Cinderela com a Fada Madrinha ao telefone que começa em:

> "— Alô, madrinha? – pergunta ansiosa Cinderela."

---

37 - Estamos considerando os elementos ligados diretamente à modalidade escrita da língua como um tipo de recurso. Desse modo, consideramos como um tipo de recurso, nem sempre com consequência na significação, a pontuação, o uso de letras maiúsculas e minúsculas, a acentuação, entre outros.

e termina em:

> " — Alô! Alô!"

Veja o trecho inicial do diálogo e observe que o autor marcou a mudança de quem fala, mudando a linha, fazendo um parágrafo e colocando um travessão para indicar que é outra pessoa que está falando:

> " — Alô, madrinha? – pergunta ansiosa Cinderela.
>
> — Oi, Cinderela! Como vai?
>
> — Estou com problemas, madrinha!
>
> — O que houve, querida! Os móveis novos do palácio não chegaram?
>
> — Não! É coisa séria! A Branca de Neve está em apuros.
>
> — Ah! Mas nós avisamos àquela menina pra cortar a maçã da dieta.
>
> — Ela cortou! Mas, dessa vez, a rainha usou um disfarce de demonstradora e deu uma barrinha de cereal pra ela provar no supermercado. A Branca está apagada até agora.
>
> — Qual o sabor?
>
> — Maçã!
>
> — Ah! Eu sabia! Tinha maçã no meio!"

No trecho abaixo do texto "Minha irmã Inês" (T1) o autor usou dois-pontos, mudou a linha, fez parágrafo e usou o travessão para indicar a fala de um personagem e mostrar que não é mais o narrador quem fala:

"Imediatamente, senti que ela me puxava pela manga. Olhei para baixo com ar inquiridor, e ela reclamou:

— Sem nada não, com salsicha!"

B) Nos trechos abaixo indique para que servem os travessões:

a) Indicar a mudança da pessoa que fala num diálogo.

b) Indicar a fala de um personagem e que não é mais o narrador quem fala.

a) (   ) "Uma tarde, depois da aula, foram beber água no riacho. E a Onça fez uma aposta:

— Vamos ver quem pula naquela pedra?" (T7)

Resposta: b.

b) (   ) "A Onça encontrou com o gato e pediu:

— Amigo Gato, você me ensinar a pular?" (T7)

Resposta: b.

c) (   ) "— Vamos ver quem pula naquela pedra?

— Vamos lá!

— Então, você pula primeiro – ordenou a Onça." (T7)

Resposta: a.

C) **Agora você**: escreva uma conversa, um diálogo entre você e sua mãe ou pai ou irmão ou um colega. Use o travessão para indicar a mudança de quem fala.

Uso de vírgula

(73) A) Observe que a parte em negrito nos trechos abaixo é uma lista:

a) "Ele é **jovem, inteligente, dócil, obediente e amigo**. E por ser ativo demais da conta, não se dá bem em apartamentos (provando o quanto é inteligente)." (T4)

b) "A tromba serve para o elefante **respirar, pegar água, emitir sons, farejar, empurrar ou pegar coisas e também para acariciar**." (T5)

Responda:

a) O que vem separando os elementos das listas:

a) ( ) dois-pontos

b) ( ) vírgula

c) ( ) ponto e vírgula

Resposta: b.

b) O que está listado no trecho **a** são:

a) ( ) características

b) ( ) seres

c) ( ) coisas que são feitas ou acontecem

Resposta: a.

c) O que está listado no trecho **b** são:

a) ( ) características

b) ( ) seres

c) ( ) coisas que são feitas ou acontecem

Resposta: c.

B) Pedrinho, ao copiar o trecho abaixo do texto "Festas – O folclore do Mestre André" (T15), esqueceu de colocar as vírgulas na lista de instrumentos que os músicos tocavam. Ajude-o, corrigindo esta falha:

"No meio da poeira, logo atrás do mascarado, vinham os músicos tocando **viola violões tambores e pandeiros.**" (T15)

Resposta: "No meio da poeira, logo atrás do mascarado, vinham os músicos tocando viola, violões, tambores e pandeiros." (T15)

> ▸ ATENÇÃO
>
> Você observou que antes do último elemento da lista a gente não usa vírgula, mas a palavrinha de adição **e**?

C) Faça uma frase em que você apresenta uma lista, separando os elementos da lista por vírgula e o último elemento com a palavrinha **e**. Exemplo:

_____

_____

Minha avó, meu avó, meus tios, meus primos, meus colegas de sala e alguns vizinhos vieram na minha festa de aniversário.

Em sala, o(a) professor(a) indica vários alunos para escreverem sua frase no quadro. Todos dizem se a frase tem uma lista e se o colega usou a vírgula na lista como deve ser.

> **(73)** Professor(a), veja também o exercício (101) do tópico "Exprimindo chamamento – Vocativo/Uso de vírgula".

▸ Uso de letra maiúscula em nome próprio

(74) A) Você observou que no texto 7 (O pulo) as palavras Onça e Gato aparecem sempre com letra maiúscula no início? Você sabe dizer por quê?

> **(74) Respostas**
> Porque são considerados os nomes particulares (próprios) dos dois personagens.

B) Reescreva as frases abaixo escrevendo, com letra maiúscula, as palavras que deviam ter letra maiúscula no início porque é o nome particular de uma pessoa, lugar etc.:

a) Minha prima maria chamou seu irmão pedro para brincarem na praça.

Resposta: Maria/Pedro.

b) A capital de nosso país é brasília.

Resposta: Brasília.

C) Também usamos letra maiúscula no início de cada frase nova de um texto. O autor de "O pulo" (Texto 7) seguiu essa regra?

Resposta: sim.

▸ ATENÇÃO

Use sempre letra maiúscula em início de frase e em nomes próprios, isto é, em nomes particulares de uma pessoa, cidade, país, rio, ou outra coisa: Mariana, Brasil, Salvador, Lojas Veste Bem, meu cachorrinho Rex, Amazonas.

Para atividades organizadas a partir de um tipo de recurso, veja também, no capítulo 4, os exercícios sobre "Formação de palavras – sufixos e prefixos" (125 e 126).

3.2.3 Atividades organizadas a partir de uma instrução de sentido

▸ **Exprimindo causa e consequência[38]**

(75) Exprimimos **causa** quando dizemos a **razão**, o **motivo** de algo ter sido feito ou ter acontecido. Veja nos exemplos abaixo os trechos **em negrito** que estão apresentando uma causa, uma razão, um motivo de algo ter sido feito:

> "**Como estávamos com fome**, decidimos ir comprar um cachorro-quente num carrinho que se encontrava ali." (T1)
>
> "Estou feliz **porque finalmente vou ter um quarto só pra mim.**" (T4)
>
> "Os europeus trouxeram esses insetos *(as abelhas africanas)* para cá, em 1840, **porque produzem uma grande quantidade de mel.**" (T13)

A) Considerando os trechos acima e seus textos, responda:

a) Qual a razão, o motivo de o menino e sua irmã terem decidido comprar um cachorro-quente?

Resposta: Eles estarem com fome.

---

38 - Aqui está incluída a expressão da finalidade como um tipo de causa. Pode-se estudar a finalidade separadamente, mas aí se perde a generalização.

b) Qual a razão de a menina estar feliz?

Resposta: Ela ter um quarto só dela.

c) Qual a razão, o motivo, de os europeus terem trazido as abelhas africanas para o Brasil?

Resposta: Para produzirem muito mel.

B) Quais palavras foram usadas no começo dos trechos que apresentam a causa para introduzi-la?

Resposta: como, porque.

C) Usando estas palavras, escreva duas frases em que haja um trecho que exprime a causa de algo ter acontecido ou ter sido feito.

(76) **A)** Quando dizemos uma causa ou motivo, quase sempre dizemos também algo que é uma **consequência** dessa causa, ou seja, o que aconteceu em decorrência, em consequência da causa, do motivo, da razão apresentada. Veja nos exemplos a seguir a causa em negrito e a consequência sublinhada. A palavra que introduz a causa está

em vermelho e a que introduz a consequência está em roxo. Preste atenção nestas palavras. Discuta com seus colegas e com o(a) professor(a) as causas e as consequências que aparecem nestes trechos de texto:

a) "Um deles é o sapo-andarilho, que mora na Mata Atlântica e <u>se movimenta caminhando</u> **porque suas pernas são muito curtas para saltar.**" (T5)

b) "... **Carmela [...] soltava uma gargalhada** tão **forte,** que <u>mexia tudo, dos pés até a cabeça, ...</u>" (T9)

c) "Os bichos ficam à vontade na sua nova casa e, **como não encontram animais que se alimentem deles,** <u>se espalham rapidamente.</u>" (T13)

d) "<u>Os invasores podem criar problemas,</u> **pois competem por alimento e território com as espécies nativas.**" (T13)

e) "*(O sapo-cururu)* **Por ser venenoso e estar em grande quantidade,** <u>causa problemas à população.</u>" (T13)

B) Complete as frases abaixo acrescentando uma consequência à causa, motivo, razão apresentado:

a) Por estar com medo, Pedrinho _____

b) Meu pai estava tão feliz que _____

c) Como estava com fome, meu tio _____

d) Terezinha estava com tanto sono que _____

Resposta: respostas pessoais.

C) Usando a causa e a consequência propostas abaixo, faça duas frases, usando duas palavras diferentes para exprimir causa e consequência.

Exemplos:

Causa: João correr muito.

Consequência: João ficar cansado.

- João ficou cansado **porque** correu muito.

- **Como** correu muito, João ficou cansado.

- João correu **tanto que** ficou cansado.

Causa: Meu primo comer demais

Consequência: Meu primo passar mal

a) _____

b) _____

▶ Expressão de causa e ortografia

(77) Observe no trecho abaixo do texto "Amigos pra cachorro" como a palavra "**porque**" (que exprime causa e inicia trechos que exprimem causa) foi escrita:

"Estou feliz **porque** finalmente vou ter um quarto só pra mim." (T4)

Veja como teríamos que escrever se fôssemos perguntar por que a menina está feliz:

Por que você está feliz?

Veja que no início da pergunta se escreve separado: **por que?** Nas respostas e afirmações se escreve junto: **porque.**

Agora veja dois outros modos de escrever **porque:**

Você está feliz. **Por quê?**

Quero saber o **porquê** (= o motivo, a razão) de você estar feliz.

▶ APRENDA

▶ **Por que?:** separado e sem acento é usado no início das perguntas.

▶ **Por quê?:** separado e com acento é usado no final da frase para perguntar a razão do que já foi falado.

▶ **Porque:** junto e sem acento é usado em frases não interrogativas.

▶ **Porquê:** junto e com acento é usado quando se quer usar esta palavra com o sentido de "o motivo", "a razão". Sempre é acompanhado das palavrinhas o, a, os, as ou um, uma, uns, umas.

(77) Respostas
a) Por que.
b) Por quê.
c) porquê.
d) Por que.
e) porque.
f) Por quê/Porque.
g) porquês.

Complete com **porque, porquê, por que ou por quê** conforme o aprendido:

a) _____ não vamos mais fazer a excursão?

b) A diretora cancelou a excursão. _____?

c) A professora explicou o _____ de a excursão ter sido cancelada.

d) _____ você está tão triste?

e) A excursão foi cancelada _____ o ônibus da escola quebrou.

f) — Zezinho, você não quer ir na excursão ao zoológico? _____?

— _____ tenho medo dos bichos e estou cansado.

g) Zezinho disse os _____ de não querer ir na excursão ao zoológico.

(78) Veja que nos dois trechos do texto "Os penetras" (Texto 13) transcritos a seguir, a causa ou razão para algo ter sido feito (que está sublinhada) é uma **finalidade**, ou seja, **o objetivo, o propósito,**

o fim a que se destina uma coisa. As palavras que introduzem a finalidade que é uma razão ou motivo estão em vermelho:

a) Quando os europeus começaram a povoar o Brasil, trouxeram os pombos **para que** o nosso país ficasse parecido com a terra deles, onde esses animais são comuns. (T13)

b) *(O búfalo)* Foi trazido da Ásia para o Brasil no século 19 **para** a produção de carne, leite e queijo. (T13)

Veja outros exemplos em que o objetivo, a finalidade com que se fez ou fará algo é a razão ou motivo para fazer a ação:

a) Venha a minha casa **para** eu lhe contar tudo da festa.

b) Mamãe me levou ao médico **a fim de que** ele curasse minha tosse.

c) **Para que** todos possam aprender, a professora explica muitas vezes.

d) Fiquei bem perto do vovô, **para que** ele me ouvisse melhor.

e) Fomos ao *shopping* **a fim de** comprar o presente da mamãe.

A) Complete as frases a seguir com uma finalidade que seja a razão, a causa, o motivo do que foi feito ou se fará. Use as palavras

(78) Respostas
A) Resposta pessoal. Exemplos: a) para enfeitarmos a casa./b) Para que todos viessem a sua festa de aniversário./c) a fim de pedir-lhe autorização para o jogo./d) para participar do festival.

de introduzir finalidade: *para, para que, a fim de ou a fim de que*:

---

a) Hoje é aniversário da vovó. Traga umas flores _____.

b) _____, João convidou os colegas pessoalmente.

c) Alguns alunos foram à sala da diretora, _____.

d) Você tem que fazer a inscrição até amanhã, _____.

---

(79) Nos trechos a seguir, retirados dos textos do capítulo (T5 e T13) que falam dos animais, <u>sublinhe</u> a parte em que se está exprimindo uma causa e coloque entre colchetes [......] a parte que diz a consequência da causa:

(79) Professor(a), a identificação do que é causa e do que é consequência, bem como de qualquer instrução de sentido dada por recursos linguísticos, é fundamental para o letramento.

---

a) "A língua das girafas chega a 40 cm de comprimento e, por ser bastante flexível, alcança cada orelha desses bichos." (T5)

b) "Os olhos dos jacarés absorvem o máximo de luz, por isso esses animais

---

enxergam muito bem também no escuro." (T5)

c) "O voo dessas aves (as corujas) é bem silencioso pois elas contam com penas muito macias, que quase não causam atrito com o ar durante o voo." (T5)

d) "Mergulham no ar para capturar uma presa, sem interromper o voo, e a levam para o alto de montanhas onde almoçam sossegadas." (T5)

e) "*(A tartaruga-tigre-d'água)* Representa perigo porque compete por alimento e espaço com outras tartarugas e peixes." (T13)

f) "Depois de solto no ambiente, *(o caramujo)* virou uma praga espalhada por todo o Brasil, porque se reproduz muito rápido e ataca plantações (além de devorar a comida de outros animais)." (T13)

g) "Hoje ele *(o teiú)* causa problemas, porque come ovos de aves e tartarugas." (T13)

(79) Respostas

a) "A língua das girafas chega a 40 cm de comprimento e, por ser bastante flexível, [alcança cada orelha desses bichos.]" (T5)

b) "Os olhos dos jacarés absorvem o máximo de luz, [por isso esses animais enxergam muito bem também no escuro.]" (T5)

c) "[O voo dessas aves (as corujas) é bem silencioso] pois elas contam com penas muito macias, que quase não causam atrito com o ar durante o voo." (T5)

d) "Mergulham no ar para capturar uma presa, sem interromper o voo e a levam para o alto de montanhas onde almoçam sossegadas." (T5)

e) "(A tartaruga-tigre-d'água) [Representa perigo] porque compete por alimento e espaço com outras tartarugas e peixes." (T13)

f) "Depois de solto no ambiente, (o caramujo) [virou uma praga espalhada por todo o Brasil], porque se reproduz muito rápido e ataca plantações (além de devorar a comida de outros animais)." (T13)

g) "[Hoje ele (o teiú) causa problemas], porque come ovos de aves e tartarugas." (T13)

(80) Veja que a expressão em negrito no trecho abaixo do texto "O pulo" (T7) está exprimindo a causa de a onça ter ficado vermelha:

> "A onça ficou vermelha **de raiva:**" (T7)

Agora complete as frases abaixo com as expressões dadas no quadro, dando a causa de acordo com o sentido de cada frase:

de medo   **de fome**   **por amor**
de susto   **por vergonha**

a) Dona Maria fez aquela festa _____ a seu sobrinho.

Resposta: por amor.

b) _____ de não se sair bem, ele não foi jogar no time de futebol da escola.

Resposta: De medo.

c) Sua irmã gritou e pulou _____.

Resposta: de susto.

d) _____ minha irmãzinha não quis entrar na igreja de dama de honra da nossa tia.

Resposta: Por vergonha.

e) O pobre cãozinho morreu _____ porque seu dono viajou e não deixou comida para ele.

Resposta: de fome.

▶ Exprimindo adição

(81) **A)** Veja que a palavra **e** nas frases abaixo junta, soma duas ideias:

"Unte as mãos **e** o tabuleiro. Faça as bolas **e** asse os pães de queijo em forno médio até ficarem bem corados." (T14)

a) O primeiro **e** junta e soma as duas coisas que devem ser untadas. Quais são elas?

Resposta: as mãos, o tabuleiro.

b) O segundo **e** junta duas ideias. Quais?

Resposta: faça as bolas/asse os pães de queijo em forno médio até ficarem bem corados.

Veja outros exemplos e diga o que o **e** está juntando, somando:

c) "Cuide da sua casa e da rua." (T6)

Resposta: Junta as duas coisas a serem cuidadas: da sua casa/da rua.

d) "Organize mutirões e desenvolva ações de mobilização na sua comunidade." (T6)

Resposta: Junta as duas coisas a serem feitas: organizar mutirões/desenvolver ações de mobilização na sua comunidade.

B) Quando <u>adicionamos</u> ou juntamos duas coisas ou ideias <u>negando</u>-as, usamos a palavrinha **nem**. Veja:

a) **Nem** José, **nem** Fernando me ajudaram a carregar os vasos.

b) Os meninos **nem** foram à festa, **nem** foram ao cinema. Ficaram dormindo.

C) Agora você: faça uma frase com **e** e outra com **nem**, juntando duas coisas ou duas ideias:

a) _____

b) _____

Resposta pessoal.

▶ Exprimindo lugar

(82) As palavras ou expressões em negrito nos trechos abaixo indicam o **lugar** em que algo aconteceu, em que alguém ou algo está ou fica situado:

---

a) "Minha irmã Inês, que na época tinha uns 3 anos, e eu esperávamos **à porta de um centro comercial** que minha mãe voltasse das compras. Como estávamos com fome, decidimos ir comprar um cachorro-quente num carrinho que se encontrava **ali**." (T1)

b) "Velas acesas **no céu**./Uma, duas, três luzes." (T8)

c) A casa do vovô ficava **no alto do morro**, para evitar as enchentes.

A) Diga quais palavras e expressões indicam lugar nos trechos abaixo:

a) "Além disso, seus olhos possuem uma membrana especial que permite ficarem abertos até embaixo da água." (T5) Resposta: embaixo da água.

b) "Na rua, Carmela sempre chamava atenção." (T9)
Resposta: Na rua.

c) "Às vezes se distraía e... um tropeção bem no meio da calçada a fazia se desequilibrar toda." (T9)
Resposta: bem no meio da calçada.

d) "Trazido da África para o Brasil em navios, adaptou-se muito bem às nossas cidades." (T13)
Resposta: da África/para o Brasil/em navios.

e) "No meio da poeira, logo atrás do mascarado, vinham os músicos tocando viola, violões, tambores e pandeiros." (T15)
Resposta: No meio da poeira/logo atrás do mascarado.

f) O que você veio fazer aqui? Resposta: aqui.

B) Mostre qual das expressões que você marcou indica:

a) um lugar de onde: _____
Resposta: da África.

b) um lugar para onde: _____
Resposta: para o Brasil.

c) o lugar em que está a pessoa que fala: _____
Resposta: aqui.

C) Responda às perguntas abaixo:

a) **Onde** você mora?

b) **Onde** estava meu livro "O Gato de Botas"?

D) Faça uma pergunta para a resposta abaixo:

"O gato e o cachorro foram brincar no quintal." (T2)

Resposta: Onde o gato e o cachorro foram brincar?

▶ Exprimindo tempo

(83) Para indicar **quando** algo aconteceu, está acontecendo ou acontecerá, usamos palavras, expressões e trechos que exprimem **tempo**. Veja alguns exemplos dos textos:

a) **"No dia da mudança,** levantei bem **cedo** para dar o último passeio com o Hermes." (T4)

b) **"Quando se distraía,** Carmela Caramelo tropeçava e quase caía." (T9)

Veja outros exemplos:

c) Mudamos para esta cidade **em 25 de março de 2013**.

d) **Hoje** vamos ao cinema.

e) **Enquanto você brincava,** eu li o livro da Carmela Caramelo.

f) **Quando** você chegou?

A) Indique nos trechos abaixo dos textos que lemos as palavras, expressões ou trechos que indicam **tempo**:

a) "O galo, com um jeito soturno (triste) que só ele, nunca cantava ao amanhecer." (T2)   Resposta: ao amanhecer.

b) "... o galo cantou quando o sol estava para nascer." (T2)

Resposta: quando o sol estava para nascer.

c) "As crianças logo perceberam que o mundo, colorido, era mais bonito e isso as deixava muito felizes." (T2)

Resposta: logo.

d) "E, para mantê-la sempre viva, os palhaços nunca morrem: até hoje, viajam com os circos, de cidade em cidade, levando a Alegria." (T2)   Resposta: até hoje.

e) "Nas últimas aulas, a Onça pulava com rapidez e agilidade – parecia um gato gigante." (T7)

Resposta: Nas últimas aulas.

f) "Uma tarde, depois da aula, foram beber água no riacho." (T7)   Resposta: Uma tarde/depois da aula.

g) "O espetáculo é de graça, às nove!" (T8) Resposta: às nove.

B) Responda à pergunta de tempo:

a) Quando você mudou para cá? _____

b) Usando a palavra **quando,** faça uma pergunta cuja resposta seja a frase **b** do exercício A. _____

Resposta: Quando o galo cantou?

C) Diga que tipo de tempo temos nas palavras e expressões e trechos em negrito, relacionando as duas colunas:

a) Tempo anterior

b) Tempo posterior

c) Momento em que

d) Tempo concomitante, simultâneo (duas coisas são feitas ou acontecem ao mesmo tempo)

a) (   ) Para fazer a surpresa, todos nós temos que nos esconder **antes de papai chegar.** Resposta: a.

b) (   ) Você podia guardar os livros **enquanto eu faço os sanduíches.** Resposta: d.

c) (   ) **Depois da aula,** vamos jogar vôlei? Resposta: b.

d) (   ) Vamos nos encontrar na biblioteca **às duas horas.**

Resposta: c.

e) (   ) Mamãe disse que volta **antes do jantar.**

Resposta: a.

▶ Exprimindo frequência

> ### ▶ APRENDA
>
> Quando dizemos quantas vezes um fato ou ação costuma se repetir em um período de tempo, estamos dando a **frequência** do fato ou ação.

(84) A) Identificar nas frases abaixo do texto "Carmela, Caramelo" (T9) as palavras ou expressões que foram usadas para indicar a frequência de algo:

a) "Na rua, Carmela sempre chamava atenção." (T9)

Resposta: sempre.

b) "Às vezes se distraía e... um tropeção bem no meio da calçada a fazia se desequilibrar toda." (T9)

Resposta: Às vezes.

c) "(Carmela) Dificilmente caía." (T9)

Resposta: Dificilmente.

B) A palavra que indica frequência na frase **c** indica que a Carmela caía:

a) raramente, quase nunca

b) muitas vezes

c) algumas vezes

Resposta: a.

C) Veja algumas expressões e palavras indicadoras de frequência:

às vezes • muitas vezes • algumas vezes

poucas vezes • toda vez • uma/duas/três ..... vezes

todo dia • sempre • nunca • raramente

frequentemente • diariamente • mensalmente

Escolha duas dessas palavras ou expressões e faça duas frases, exprimindo a frequência com que algo acontece:

a) _____

b) _____

▸ Exprimindo modo

(85) Muitas palavras, expressões e trechos servem para indicar o **modo** ou **a maneira** como algo foi feito ou aconteceu, acontece ou acontecerá. Veja os exemplos em negrito nas frases abaixo. Todos respondem à pergunta: **Como?**

a) "Cinderela digita os números **apressada** em seu celular." (T3)

b) "Depois de uma semana, já estávamos **confortavelmente** instalados no apartamento." (T4).

> c) "Mergulham no ar para capturar uma presa, **sem interromper o voo**, e a levam para o alto de montanhas onde almoçam sossegadas." (T5)
>
> d) "Nas últimas aulas, a Onça pulava **com rapidez e agilidade** – parecia um gato gigante." (T7)

Nas frases abaixo <u>sublinhe</u> as palavras, expressões ou trechos que indicam **modo**:

> a) "Elas *(as corujas)* voam em silêncio e assim conseguem pegar suas presas de surpresa nas caçadas noturnas." (T5)   Resposta: em silêncio/de surpresa.
>
> b) "O vento sopra de leve." (T8)   Resposta: de leve.
>
> c) "De carona em navios ou aviões, os bichos invasores viajam de um país a outro e causam a maior confusão por onde chegam." (T13)   Resposta: De carona.
>
> d) "Você provavelmente já ouviu a história do sapinho que pegou carona no violão do urubu e entrou sem ser convidado numa festa do céu." (T13)   Resposta: sem ser convidado.
>
> e) "Há também os que chegam por acaso, pegando carona em navios." (T13)   Resposta: por acaso.
>
> f) "Os bichos ficam à vontade na sua nova casa e, como não encontram animais que se alimentem deles, se espalham rapidamente." (T13)   Resposta: à vontade/rapidamente.

> **g)** "*(O mosquito da dengue)* Trazido da África para o Brasil em navios, adaptou-se muito bem às nossas cidades." (T13)
>
> Resposta: bem.
>
> **h)** "Misture bem para desmanchar os grumos todos." (T14)
>
> Resposta: bem.
>
> **i)** "Ponha então os ovos, um a um, e o leite, aos poucos também, mas sempre continuando a amassar." (T14)
>
> Resposta: um a um/aos poucos.
>
> **j)** "Numa certa tarde de Sol muito quente, brincávamos de jogar pião no terreiro, quando, de repente, uma batida forte de tambores veio vindo da estrada de terra que chegava na fazenda." (T15)
>
> Resposta: de repente.

(86)[39] No exercício anterior você viu exemplo de duas palavras que indicam modo e são formadas com a terminação/o sufixo **_MENTE** que indica "de modo" "de maneira":

a) "Depois de uma semana, já estávamos **confortavelmente** instalados no apartamento." (T4) (= *instalados de modo confortável*)

b) "Os bichos ficam à vontade na sua nova casa e, como não encontram animais que se alimentem deles, se espalham **rapidamente**." (T13) (= *se espalham de modo, de maneira rápida*)

---

39 - Este exercício é ao mesmo tempo um exercício de formação de palavras por sufixação e poderia estar no capítulo 4.

O sufixo **-mente** é muito usado para formar palavras que indicam modo:

> amigavelmente • desonestamente • delicadamente facilmente • gentilmente • lentamente • pausadamente • repetidamente • subitamente • velozmente

A) Escolha uma das palavras do quadro acima e a use em uma frase para indicar modo:

a) _____

B) Reescreva as frases abaixo em seu caderno, trocando as expressões em negrito por uma palavra formada com **-mente** que exprime o mesmo modo:

a) "Há também os que chegam **por acaso,** pegando carona em navios." (T13)

Resposta: casualmente.

b) "O vento sopra **de leve.**" (T8)

Resposta: levemente.

c) "Nas últimas aulas, a Onça pulava **com rapidez e agilidade** – parecia um gato gigante." (T7)

Resposta: rápida e agilmente.

C) Nem sempre as palavras formadas com o sufixo **-mente** indicam modo. Relacione as duas colunas abaixo de acordo com aquilo que a palavra em **-mente** indica nas frases:

a) tempo

b) frequência

---

a) ( ) Mamãe **raramente** vai ao cinema.   Resposta: b.

b) ( ) **Atualmente** as pessoas gostam muito de ver coisas na internet.   Resposta: a.

c) ( ) **Recentemente** Gerson ganhou um prêmio de redação.   Resposta: a.

d) ( ) Vovó rega as plantas **diariamente**, para elas ficarem viçosas.   Resposta: b.

▶ Exprimindo meio ou instrumento

▶ APRENDA

Às vezes dizemos o instrumento, a ferramenta que usamos para fazer alguma coisa, como foi feito com as expressões em negrito nos trechos a seguir:

▶ Afinei as varetas para fazer o papagaio **com a faquinha** que ganhei do meu tio Leonardo. Depois amarrei-as **com uma linha bem forte**, fazendo uma cruz. Nessa cruz preguei o papel de seda **com grude** que fiz com polvilho. Mamãe me ensinou a fazer grude porque não tinha cola e não podíamos ir à papelaria comprar. Depois fiz uma linda cauda e amarrei em meu papagaio. Fiz o cabresto, amarrei nele a linha e saí correndo ao vento. Meu papagaio subiu ao céu.

▸ Arranque os pregos **com o alicate**.

À vezes dizemos o meio que usamos para fazer algo. Veja:

▸ Minha família vai para a praia **de carro**.

(87) Leia a seguir o trecho do texto "Pão de queijo à moda da Odília":

"Café adoçado **com um torrão de rapadura** é o melhor acompanhamento." (T14)

A) Observe que a expressão em negrito no trecho acima do texto "Pão de queijo à moda de Odília" indica **o meio ou instrumento,** usado para adoçar o café:

Reescreva a frase colocando outro ou outros elementos que poderíamos usar para fazer a mesma ação de adoçar o café.

Resposta: com mel, com açúcar, com açúcar mascavo, com adoçante.

B) Sublinhe nas frases abaixo a expressão que está indicando o meio ou o instrumento usado para fazer algo:

a) O bolo estava enfeitado com rosinhas de açúcar.

Resposta: com rosinhas de açúcar.

b) Abrimos a lata de leite condensado com o abridor de latas da D. Maria. Resposta: com o abridor de latas da D. Maria.

c) Cortamos as bandeirinhas com uma tesoura.

Resposta: com uma tesoura.

d) Pegamos os peixinhos no riacho com a mão, tantos havia ali. Resposta: com a mão.

C) Indique ações que poderíamos fazer com os instrumentos indicados abaixo. Depois faça uma frase completa, incluindo a ação e o instrumento:

a) com o pincel _____

Resposta: pintar.

b) com a faca _____

Resposta: cortar.

c) com o serrote _____

Resposta: serrar.

d) com a tinta _____

Resposta: pintar.

e) com o chinelo _____

Resposta: matar um inseto/outras.

▶ Exprimindo quantidade

(88) As palavras em negrito nos trechos abaixo indicam quantidade:

> "Ele é um amor, mas precisa de espaço para suas bugigangas, que são **muitas**. E eu para meus segredinhos, também **muitos**." (T4)
>
> "No dia em que papai fechou negócio, ele chegou avisando que tinha **duas** notícias:...." (T4)

a) Qual indica uma quantidade exata? Resposta: duas.

b) Qual indica uma quantidade indefinida, que não sabemos direito quanto é? Resposta: muitas, muitos.

(89) A) Marque nos trechos abaixo as palavras que indicam quantidade: sublinhe as que indicam quantidade exata e coloque um X nas que indicam quantidade indefinida:

> **a)** "A língua das girafas chega a quarenta centímetros de comprimento e, por ser bastante flexível, alcança cada orelha desses bichos." (T5) Resposta: quarenta.
>
> **b)** "Diferente de seus parentes, que se reúnem em grupos, o pigmeu vive solitário ou em pares." (T5) Resposta: pares.
>
> **c)** "As corujas fazem muito barulho quando voam." (T5) Resposta: muito X.

(89) Professor(a), para trabalhar a expressão da quantidade, você pode evidentemente trabalhar todos os numerais (cardinais, ordinais, fracionários e multiplicativos), introduzindo-os paulatinamente e ensinando o modo de dizê-los e escrevê-los.

---

d) "Todos os sapos são ótimos saltadores." (T5)　　Resposta: Todos X.

e) "Velas acesas no céu. / Uma, duas, três luzes." (T8)　Resposta: Uma, duas, três.

B) A palavra "pares" que aparece na frase **b** acima indica sempre dois:

Um par de alianças = duas alianças.

Um par de sapatos = dois sapatos.

Um par de pombinhos = dois pombinhos.

Um par de vasos = dois vasos.

Há outras palavras que sem ser um número indicam uma quantidade certa de alguma coisa. Diga que quantidade as palavras abaixo indicam:

---

a) década: _____
　　　　　　　Resposta: dez (anos).

b) dúzia: _____
　　　　　　　Resposta: doze.

c) trio: _____
　　　　　　　Resposta: três.

d) quarteto: _____
　　　　　　　Resposta: quatro.

e) centena _____
　　　　　　　Resposta: cem.

f) milheiro: _____
　　　　　　　Resposta: mil.

Faça uma frase com uma das seis palavras anteriores.

_____

▸ **Exprimindo ordenação**

(90) **A)** As palavras em destaque nos trechos abaixo indicam quantidade ou ordenação, ordem?   Resposta: ordenação, ordem.

_____

"No dia da mudança, levantei bem cedo para dar o **último** passeio com o Hermes." (T4)

"— Então você pula **primeiro** – ordenou a Onça." (T7)

B) Primeiro e último são antônimos? _____

Resposta: sim.

(90) Respostas

primeiro, segundo, terceiro, quarto, quinto, sexto, sétimo, oitavo, nono, décimo, vigésimo, trigésimo, quadragésino, quinquagésimo, sexagésimo, septuagésimo, octogésimo, nonagésimo, centésimo.

D) Resposta pessoal.

C) Escreva na frente dos números abaixo, que indicam quantidades, a palavra correspondente que indica ordem:

a) um _____

b) dois _____

c) três _____

d) quatro _____

e) cinco _____

f) seis _____

g) sete _____

h) oito _____

i) nove _____

j) dez _____

k) vinte _____

l) trinta _____

m) quarenta _____

n) cinquenta _____

o) sessenta _____

p) setenta _____

q) oitenta _____

r) noventa _____

s) cem _____

D) Agora escolha um número de 1 a 100 e escreva uma frase em que apareça o seu correspondente na ordem. Por exemplo: Este é o **vigésimo terceiro** presente que ganho hoje.

▶ Exprimindo intensidade[40]

(91) A) Veja a seguir o trecho do texto "A alegria" (T2)

> "Em resumo, tudo era mesmo **muito** triste."

Se o autor tivesse dito:

> Em resumo, tudo era mesmo triste.

a) Em qual das duas frases a tristeza é mais forte: na frase do autor com a palavra **muito** ou na outra frase sem a palavra **muito**?

Resposta: Na frase do autor com muito.

▶ APRENDA

A palavra **muito** serve para tornar uma característica mais forte, mais intensa. Ela serve para exprimir **intensidade.**

B) Indique nas frases quais são as palavras que estão exprimindo intensidade. Discuta com o professor e a turma o que elas estão intensificando:

---

40 - Veja também os exercícios 54 (Repetição de palavras) e 53-B (Alongamento de vogais).

91) Professor(a), comentar com os alunos que "demais da conta" é de uso mais coloquial e da língua falada. Assim você vai chamando a atenção do aluno para as variedades linguísticas. Comente que "levantei bem cedo" (frase c) podia ser dito "levantei cedinho", intensificando o cedo com o sufixo -inho. Outros exemplos: céu azulzinho, tudo ficou limpinho etc.

(91) Respostas
B) **a)** muito/muito mesmo – intensifica o sentimento gostar. **b)** demais da conta – intensifica a característica de ativo. **c)** bem – intensifica a hora cedo para dizer que era cedo mesmo. **d)** muito – intensifica o modo de enxergar: bem. **e)** tão – intensifica a característica forte.

a) "Quero doar um labrador, o Hermes, para uma pessoa que goste muito, mas muito mesmo de cães." (T4)

b) "E por ser ativo demais da conta, não se dá bem em apartamentos (provando o quanto é inteligente)." (T4)

c) "No dia da mudança, levantei bem cedo para dar o último passeio com o Hermes." (T4)

d) "Os olhos dos jacarés absorvem o máximo de luz, por isso esses animais enxergam muito bem também no escuro." (T5)

e) "... (Carmela) soltava uma gargalhada tão forte que mexia tudo..." (T9)

C) Mude a seguir as frases dos textos "Você sabe tudo sobre os animais?" (T5) e "Os penetras" (T13), trocando a palavra em negrito por outras duas que também indicam intensidade:

a) "O voo dessas aves *(as corujas)* é bem silencioso, pois elas contam com penas **muito** macias, que quase não causam atrito com o ar durante o voo." (T5)

Resposta: bem, bastante.

> **b)** "Esse bichinho **tão** pequeno, mas que faz sua mãe subir na cadeira, é natural do Japão, da China e do leste asiático." (T13)
> Resposta: muito, bem, bastante.

> **D) a)** Em qual das duas frases abaixo a palavra **muito** está indicando intensidade?
> Resposta: b.
>
> **b)** O que ela indica na outra frase?
> Resposta: quantidade (muito).

> a) "As corujas fazem **muito** barulho quando voam." (T5)
>
> b) "Os olhos dos jacarés absorvem o máximo de luz, por isso esses animais enxergam **muito** bem também no escuro." (T5)

▶ Exprimindo posse

(92) No texto "Amigos pra cachorro" (T4) é uma menina chamada Mel que conta a história. Observando as palavras que indicam posse (meu, nosso, suas), diga de quem são as coisas sublinhadas:

> a) "E eu para os **meus** segredinhos, também muitos." (T4)
> Resposta: da Mel.
>
> b) "E no **nosso** apartamento, num cantinho da cobertura?" (T4)
> Resposta: da Mel e da família dela.

> c) "E meu irmão, um só pra ele. Nem acredito! Ele é um amor, mas precisa de espaço para **suas** <u>bugigangas</u>, que são muitas." (T4)
>
> Resposta: do irmão da Mel.

(93) A) Nas frases abaixo sublinhe a palavra em negrito que indica que algo pertence à pessoa que está falando e marque com um X a palavra em negrito que indica que algo pertence à pessoa que está falando e mais alguém:

> a) "**Minha** irmã Inês, que na época tinha uns 3 anos, e eu esperávamos à porta de um centro comercial que **minha** mãe voltasse das compras." (T1)
>
> Resposta: Minha e minha.
>
> b) "Quando os europeus começaram a povoar o Brasil, trouxeram os pombos para que o **nosso** país ficasse parecido com a terra deles, onde esses animais são comuns." (T13)
>
> Resposta: nosso X.
>
> c) "Como me pediu, estou mandando a receita de pão de queijo mais usada na **nossa** família, há muitas gerações, segundo mamãe." (T14)
>
> Resposta: nossa X.
>
> d) "**Meu** coração está partido." (T4)
>
> Resposta: Meu.
>
> e) "Pra mim aquilo era o demônio que vinha cobrar **nossos** pecados." (T15)
>
> Resposta: nossos X.

B) a) <u>Sublinhe</u> nas frases abaixo a palavra que indica que algo pertence à pessoa com quem se está falando:

a) "Como me pediu, estou mandando a receita de pão de queijo mais usada na nossa família, há muitas gerações, segundo mamãe. Fale com a sua que a tal medida de "prato fundo" é o seguinte: deve-se encher somente a parte funda do prato, a que vai até onde começa a borda dele." (T14)

Resposta: sua (a mãe do Inácio com quem Stef está falando).

b) Arnaldo, você pode emprestar sua bola para o jogo de amanhã?

Resposta: sua (a bola do Arnaldo a quem o pedido foi feito).

b) Complete:

a) No trecho "Cinderela digita os números apressada em seu celular" (T3) a palavra "**seu**" indica que o celular pertence a _____.

Resposta: Cinderela.

(94) Muitas vezes indicamos posse usando uma expressão formada assim: "**de + palavra**". Veja o trecho abaixo do texto "O pulo" em que a expressão "do Gato" indica que ele, o gato, é que tinha um segredo:

"— O pulo de lado é o segredo **do Gato!**" (T7)

Sublinhe nas frases abaixo as expressões formadas por "de + palavra" que indicam posse. Fale também qual coisa é possuída:

a) "Fale com a sua que a tal medida de 'prato fundo' é o seguinte: deve-se encher somente a parte funda do prato, a que vai até onde começa a borda dele." (T14)

Resposta: do prato (a parte funda)/dele (a borda).

b) Ontem andei na bicicleta do meu primo João.

Resposta: do meu primo João (a bicicleta).

c) A casa de minha tia era muito grande e a gente adorava brincar de esconde-esconde lá.

Resposta: de minha tia (A casa).

d) Cada dia brincávamos com as bonecas de uma menina. As bonecas de Mariana eram lindas, mas ela tinha ciúmes e só trazia as mais velhas para brincarmos. Um dia...

Resposta: de uma menina (as bonecas)/de Mariana (As bonecas).

e) Todos estavam procurando o cachorro de Paulo que fugira na noite anterior, quando...

Resposta: de Paulo (o cachorro).

▶ Exprimindo características

(95) A) Existem muitas palavras que dão **características** dos seres (pessoas, animais, plantas, coisas, objetos, lugares, sentimentos, enfim tudo o que existe). Uma **característica** de um ser é algo que nos diz como ele é. Veja as palavras em negrito nos trechos abaixo:

> a) "As crianças logo perceberam que o mundo, **colorido**, era muito mais **bonito** e isso as deixava muito **felizes**." (T2)
>
> b) "Quero entrar em forma. Chega de sermos desenhadas como titias **rechonchudas**, naqueles livrinhos onde você está sempre **linda** e **maravilhosa**." (T3)

Sublinhe no trecho abaixo as palavras que indicam características. Diga qual o ser que tem estas características (se preciso volte ao texto para saber):

> a) "A chamada alcança uma praia ensolarada, onde três fadas descansam à beira-mar." (T3)
>
> Resposta: ensolarada – praia.
>
> b) "Ele é jovem, inteligente, dócil, obediente e amigo. E por ser ativo demais da conta, não se dá bem em apartamentos (provando o quanto é inteligente)." (T4)
>
> Resposta: jovem, inteligente, dócil, obediente, amigo, ativo, inteligente – O cachorro Hermes.

c) "Os cientistas acreditam que os golfinhos evoluíram de animais **terrestres** que se adaptaram à vida na água." (T5)

Resposta: terrestres – animais.

B) É comum também que uma expressão apresente uma característica de algo ou alguém. Veja no exemplo abaixo:

" — O pulo **de lado** é o segredo do Gato!" (T7)

Diga qual expressão no texto abaixo dá uma característica de um ser. Diga qual é o ser caracterizado:

a) "Chegaram até junto da sede da fazenda, tocaram, cantaram com uma voz aguda feito ponta de agulha, tomaram café com queijo, broa de fubá, biscoitos e se foram." (T15)

Resposta: de fubá - broa.

Para atividades organizadas a partir de uma instrução de sentido, veja também, no capítulo 2, os exercícios para o tópico "Exprimindo alternância/alternativa" (exercícios 32 a 34).

3.2.4 Atividades organizadas a partir de uma ação feita com o recurso ou uma função do mesmo

▶ Palavras que retomam e substituem outras

Professor(a), nesse item apresentamos exercícios que trabalham a **coesão referencial**, o que é importante no letramento tanto para a compreensão quanto para produção de textos. É importante mostrar aos alunos que os diferentes tipos de palavras retomam e substituem de modo diferente. Assim, no exemplo (99), tem-se: a) as, a, onde, eles, los, ele, lá, sua, ali – só retomam e substituem; b) àquela menina, época, dessas aves, do local – retomam e substituem, mas também classificam aquilo que retomam, indicando o que elas são; c) os bichos – retoma, substitui e indica apenas um sinônimo.

(96) Releia o texto "Minha irmã Inês" (T1) e diga a que pessoa a palavra **ela** (repetida três vezes), em negrito no trecho abaixo, se refere:

"O vendedor, referindo-se aos molhos, perguntou se queríamos de tomate ou mostarda, ao que eu respondi que, para mim, queria um cachorro-quente com tomate e, para **ela**, um sem nada.

> Imediatamente, senti que **ela** me puxava pela manga. Olhei para baixo com ar inquiridor, e **ela** reclamou:
>
> — Sem nada não, com salsicha!" (Texto 1)

a) ela = _____

Resposta: Minha irmã Inês.

(97) Diga a que lugares as palavras **onde** e **ali** se referem nos textos "Minha irmã Inês" (T1) e "As férias das fadas" (T3):

> a) Minha irmã Inês, que na época tinha uns 3 anos, e eu esperávamos à porta de um centro comercial que minha mãe voltasse das compras. Como estávamos com fome, decidimos ir comprar um cachorro- -quente num carrinho que se encontrava **ali**. (Texto 1)
>
> b) A chamada alcança uma praia ensolarada, **onde** três fadas descansam à beira-mar. (Texto 3)

a) ali = _____

Resposta: à porta de um centro comercial.

b) onde = _____

Resposta: uma praia ensolarada.

(98) Às vezes, para não ficarmos repetindo uma palavra ou expressão, nós a substituímos por outra ou a ocultamos (ela fica escondida).

A) No trecho a seguir do texto "A alegria" (T2) descubra as duas palavras que juntas estão escondidas no lugar em que pusemos o símbolo ø:

> "Houve um tempo em que todo mundo era muito triste. As pessoas viviam cabisbaixas, ø não se olhavam nos olhos (a não ser quando ø estavam com raiva e querendo brigar), ø vestiam roupas cinzentas, ø usavam óculos escuros, ø estavam sempre apressadas e ø mal se falavam." (T2)

a) As palavras escondidas são _____

Resposta: as pessoas.

B) Reescreva o trecho acima do texto "A alegria" (T2), colocando no lugar de ø a expressão que você indicou como sendo a que está escondida. Depois discuta com seus colegas:

a) Que texto você achou melhor: o com as palavras escondidas ou com todas as palavras escritas. Por quê?

Resposta pessoal dos alunos, mas espera-se que os alunos percebam e digam que o texto com as elipses é melhor, porque o outro fica cansativo, chato.

C) Agora diga o que está escondido antes de "Vão passar" no trecho abaixo:

> "— Todos os príncipes estão participando do reality show "O Rei Encantado". Vão passar um mês trancados num castelo, pra ver quem se torna rei." (T3)
>
> Resposta: Todos os príncipes.

(99) Nos textos nós usamos muitas palavras que substituem (ficam no lugar de) outras ao mesmo tempo que as retomam, evitando assim que as repitamos, deixando o texto mais leve, mais bonito. Para você compreender bem o que lê, precisa saber o que estas palavras estão substituindo e retomando. Vamos ver se você está bom para compreender o que lê? Para isto, diga o que as palavras em negrito nos trechos abaixo estão substituindo e retomando:

> **a)** "As crianças logo perceberam que o mundo, colorido, era muito mais bonito e isso **as** deixava muito felizes." (T2)
>
> **b)** "— Não! É coisa séria! A Branca de Neve está em apuros.
>
> — Ah! Mas nós avisamos **àquela menina** pra cortar a maçã da dieta." (T3)
>
> **c)** "As corujas fazem muito barulho quando voam – FALSO – O voo **dessas aves** é bem silencioso, pois elas contam com penas muito macias, que quase não causam atrito com o ar durante o voo." (T5)

d) *(As harpias)* "Mergulham no ar para capturar uma presa, sem interromper o voo, e **a** levam para o alto de montanhas, **onde** almoçam sossegadas." (T5)

e) "Isso aconteceu, principalmente, nos séculos 15 e 16, **época** em que os europeus colonizaram o Brasil." (T13)

f) "Sílvia Ziller aconselha que você nunca traga animais quando voltar de uma viagem. Por mais fofinhos que **eles** sejam, têm seu próprio *habitat*. Tirá-**los** de lá traz problemas para o ambiente e para **os bichos**." (T13)

g) "O sapo-cururu, ou sapo-boi, é um bicho brasileiro que foi levado para a Austrália para comer insetos nas plantações. **Ele** se multiplicou e virou uma praga por **lá**, já que não é devorado pelos animais **do local**." (T13)

h) "Como me pediu, estou mandando a receita de pão de queijo mais usada na nossa família, há muitas gerações, segundo mamãe. Fale com a **sua** que a tal medida de 'prato fundo' é o seguinte: deve-se encher somente a parte funda do prato, a que vai até onde começa a borda dele." (T14)

---

(99) Professor(a), aqui usamos trechos de vários textos para exemplo de vários tipos de palavras que retomam e substituem outras. No dia a dia da sala de aula, você irá mostrando os diversos casos de coesão referencial, conforme forem aparecendo.

(99) Respostas
a) as = as crianças.
b) àquela menina = Branca de Neve.
c) dessas aves = as corujas.
d) a = uma presa/ onde = o alto de montanhas.
e) época = nos séculos 15 e 16.
f) eles, los e os bichos = animais.
g) Ele = O sapo-cururu ou sapo-boi/ lá, do local = Austrália.
h) sua = mamãe/ mãe.

▶ Usando palavras para fazer pergunta

(100) **A)** Observe que as palavras em negrito nos trechos abaixo foram usadas para fazer perguntas:

a) " — **Qual** o sabor?" (T3) – *Qual pergunta a pessoa ou coisa escolhida entre várias.*

b) " — **O que** houve, querida?! Os móveis novos do palácio não chegaram?" (T3) *O que pergunta qual/que coisa.*

c) " — Oi, Cinderela! **Como** vai?" (T3) *Como pergunta o modo.*

d) "**Quem** nunca quis ter um mico de estimação?" (T13) *Quem pergunta qual a pessoa.*

e) "**Onde** as fadas estão passando férias?" *Onde pergunta o lugar.*

B) O que as palavras em negrito nas frases abaixo estão perguntando? (veja o quadro abaixo, para saber o que elas podem estar perguntando):

(100) Professor(a), nos exercícios sobre expressão de tempo, modo e lugar também foram trabalhadas as palavras para fazer perguntas (advérbios ou pronomes interrogativos).

> • A pessoa • A causa
> • O lugar • Qual coisa
> • O momento/tempo
> • A quantidade • O modo

a) _____ **Como** você pediu a seu pai para ver televisão?

Resposta: modo.

b) _____ **Quando** você chegou do Rio de Janeiro?

Resposta: momento/tempo.

c) _____ **Onde** você estuda? Resposta: lugar.

d) _____ **Quantos** irmãos você tem?

Resposta: quantidade.

C) Faça perguntas para as respostas abaixo:

a) Foi Raul que marcou o gol para nosso time.

_____

Resposta: **Quem** marcou o gol para nosso time?

b) Nós mudamos para cá em janeiro desse ano.

_____

Resposta: **Quando** vocês mudaram para cá?

c) Meus avós moram no Bairro Tabajaras.

_____

Resposta: **Onde** seus avós moram?

d) Larissa ficou de castigo porque xingou sua irmã.

_____

Resposta: **Por que** Larissa ficou de castigo?

e) Meu primo Renan chupou cinco picolés.

_____

Resposta: **Quantos** picolés seu primo Renan chupou?

▶ Exprimindo chamamento – Vocativo/uso de vírgula[41]

(101) A) As palavras em negrito, a seguir, nos trechos do texto "As férias das fadas" foram usadas para chamar alguém:

a) " — Estou com problemas, **madrinha!**" (T3)

b) " — O que houve, **querida?**! Os móveis novos do palácio não chegaram?" (T3)

Encontre nas frases abaixo as palavras ou expressões que foram usadas para chamar alguém:

a) " — Alô, madrinha? — Pergunta ansiosa Cinderela." (T3)
Resposta: madrinha.

b) " — Oi, Cinderela! Como vai?" (T3)
Resposta: Cinderela.

c) " — Amigo Gato, você me ensina a pular?" (T7)
Resposta: Amigo gato.

d) "Oi, Pam,
Tá gostando de morar aí em Santa Rita?" (T11)
Resposta: Pam.

e) "Menina, foi manero demais, superdiferente." (T11)
Resposta: Menina.

f) Eu estou muito contente, titia, com o presente que a senhora me deu.
Resposta: titia.

41 - Veja que aqui estamos destacando a função do recurso: fazer chamamento. Poder-se-ia organizar a partir do recurso (vocativo), mas preferimos dar destaque ao valor do recurso nos textos orais e escritos. A questão da pontuação ligada a este recurso com a função de chamamento é um tipo de recurso. Como se pode ver muitas vezes é uma questão de focalização. Tem-se também o trabalho conjunto de vários elementos conforme a oportunidade.

B) Você observou que, na escrita, a palavra ou expressão usada para chamar alguém vem sempre entre vírgulas ou entre vírgula e outro ponto (ponto final, de interrogação, de exclamação) ou antes de uma vírgula, quando está no início da frase?

Quem escreveu as três frases abaixo esqueceu de pôr a vírgula e o outro ponto (se for o caso) no chamamento. Faça isto para ajudar quem fez a frase:

> a) Eu não quero o seu carrinho Roberto.
>
> b) Mamãe posso ir brincar de bete com meus amigos?
>
> c) Eu vou fazer os deveres papai e depois venho ajudá-lo.

C) Escreva uma frase em que haja um chamamento. Na sala cada um escreve sua frase no quadro, sublinha o chamamento e a turma diz se ficou correto. Não esqueça de pôr a vírgula antes e depois do chamamento se ele estiver no meio da frase, depois do chamamento se ele estiver no início da frase ou antes do chamamento se ele estiver no final da frase (Nesse caso, após o chamamento há um ponto: final ou de interrogação ou de exclamação).

---

(101)
Respostas
a) Eu não quero o seu carrinho, Roberto.
b) Mamãe, posso ir brincar de bete com meus amigos?
c) Eu vou fazer os deveres, papai, e depois venho ajudá-lo.

(101) Professor(a), no exercício em C você pode dividir o quadro e mandar 3 ou 4 alunos de cada vez. Ajude os alunos a verificar se a frase tem um chamamento e se a pontuação foi feita de acordo.

Para atividades organizadas a partir de uma ação feita com o recurso ou uma função do mesmo, veja, no capítulo 2, o tópico "Exprimindo comparação" (exercícios 35 a 49).

3.2.5 Outros

Neste item foram colocados apenas os elementos relativos a aspectos da variação linguística, uma vez que eles podem ser tratados a partir de um recurso específico (como nos exercício de vocabulário sobre palavras próprias de uma região ou linguagem técnica, por exemplo), um tipo de recurso, uma instrução de sentido ou o modo de fazer algo com a linguagem ou a função de um dado recurso.

▶ Variação linguística – Língua oral x língua escrita/ culto x não culto/formal x informal ou coloquial

Sempre é importante mostrar aos alunos a existência de variedades linguísticas e ir orientando-os sobre como agir em relação a elas. Em alguns exercícios, mostramos que, ao mesmo tempo que se trata outro tópico, podemos trabalhar as variedades linguísticas (veja exercícios 14, 15, 16, 35, 44, 91-B, 100, 107-B e 113, por exemplo). Mas atividades específicas para isto podem ser feitas. É o que buscamos apresentar aqui.

Nessa fase das primeiras séries, em que o letramento está sendo trabalhado de forma mais específica para levar o aluno a adquirir o domínio da língua escrita, chamar a atenção para as modalidades oral e escrita da língua, mostrando concreta e objetivamente diferenças entre elas, é conveniente, pois isto ajudará os alunos a terem noção mais exata de como é a língua escrita e que ela não é uma mera "transcrição" da língua oral. O aluno precisa ir percebendo que na língua oral, às vezes:

a) há acréscimos de som que não têm correspondente na escrita, como em tambéim/também – ninguéim/ninguém – paiz/paz – faiz/faz;

b) há corte, redução de som ou sons que precisam ser representados na língua escrita, mesmo que não ditos no oral (aqui, quase sempre há uma correlação culto x não culto), como na redução de alguns ditongos a vogais: ou>o (falô/falou – comprô/comprou – toro/touro – coro/couro etc.); ei>e (pexe/peixe – fejão/feijão etc.);

c) há formas de palavras muitas vezes advindas de corte de sons e de contrações que não são próprias da língua escrita: tá/está – tava/estava – pra, pro(s), pra(s)/para, para o(s), para a(s); o corte de [d] nos finais ando>ano/endo>eno/indo>ino/ondo>ono dos gerúndios: cantano/cantando – vendeno/vendendo – rino/rindo – repono/repondo; o corte do r final no infinitivo: falá/falar, vendê/vender, dividi/dividir etc.;

d) há formas advindas de pronúncias regionais, como o diminutivo que geralmente se fala em –IM em algumas regiões e se escreve –INHO (carneirim/carneirinho – bonitim/bonitinho etc.) ou a troca de [v] por [r] em algumas falas nordestinas (ramu/vamos), entre outras;

e) alternância vocálica conforme a posição na palavra, como no final em que o **o** e o **e** átonos são escritos **o** e **e**, mas se pronunciam **u** e **i** (oral/escrito: meninu, dedu, canu/menino, dedo, cano e penti, tomati, di/pente, tomate, de), sendo pronunciados **o** e **e** apenas se forem tônicos (jiló, pó, café, pé).

Assim, atividades como a de (102) chamam a atenção dos alunos para fatos como os exemplificados anteriormente.

(102) Ricardo escreveu as frases abaixo como se fala. Reescreva, colocando tudo na forma escrita:

a) Mamãe tava ponu us infeiti pra festa de Sãu Juãu.
Resposta: Mamãe estava pondo os enfeites para a festa de São João.

b) Lucas tambéim feiz aniversáriu onti.
Resposta: Lucas também fez aniversário ontem.

c) Meu pai falô que gosta muito di cove cum fejãu.
Resposta: Meu pai falou que gosta muito de couve com feijão.

d) Fessora, meu canarim canta muitu.
Resposta: Professora, meu canarinho canta muito.

Além disso, há palavras e expressões que são mais de uso na língua oral, informal e pode-se orientar os alunos sobre isto. Veja o exemplo (113) de "Sinônimos - Sentido de expressões" com as expressões "uma montanha/monte/mundo de" em oposição a "uma grande quantidade de", "um grande número de" ou "muitos" em que temos também questões de maior ou menor formalidade envolvidas.

Também é preciso orientar os alunos sobre como passar para a escrita recursos da língua oral como a entonação e a altura da voz. Geralmente, as entonações básicas são marcadas pela pontuação (pontos final, de exclamação e de interrogação e às vezes as reticências) ou por verbos *dicendi* e especificações que o acompanham como se pode ver em (103) abaixo:

(103) Então ele **respondeu** *nervoso/com raiva/mostrando-se decepcionado/tristemente*:
— Não vou na sua casa!

É bastante produtivo mostrar ao aluno elementos de oralidade que aparecem nos textos dele e de autores lidos. Essa observação deve ser acompanhada da explicação de que só se deve colocar elementos da língua oral em textos escritos se quisermos imitar o jeito de falar de alguém, quando estamos usando discurso direto, ou seja, reproduzindo fala de personagens ou se estivermos querendo nos aproximar da(s) pessoa(s) com quem estamos falando, como se estivéssemos conversando com elas, mas que é preciso cuidado para não usar recursos de oralidade por desatenção, sem uma razão que justifique sua presença num texto escrito. Alguns textos do anexo como "Festa de aniversário " (T11) apresentam elementos de oralidade com os quais o professor pode trabalhar. Muito frequentemente, os autores de textos infantojuvenis os usam para se aproximar mais do pequeno leitor, com uma linguagem que lhe seja mais familiar, daí o uso frequente, por exemplo, da forma "pra" da preposição "para". Os pequenos leitores devem aos poucos se tornar conhecedores destes fatos. Como exemplo, observemos elementos de oralidade e também de outras variedades linguísticas (veja letra **e**, abaixo) presentes no texto "Festa de aniversário", que a autora, certamente, usou para imitar a fala de uma menina de nove anos e também para se aproximar, de algum modo, das crianças, conquistando-as para a leitura:

a) uso de interjeições como: Oi/Ai, meu Deus!/Chiii!;

b) palavras escritas de acordo com o modo como são pronunciadas, com eliminação de sons, contrações etc.: <u>Tá</u> gostando de morar/Já deu <u>pra</u> sentir/Pena que <u>cê</u> não <u>tava</u> aqui <u>pra</u> curtir também./fala que <u>tô</u> gordinha/espalhou <u>pra</u> galera/Pediu coisas <u>pra</u> dar/e <u>cê</u> não sabe/Já <u>tô</u> te <u>convidano</u>/falei <u>pra</u> minha mãe <u>pra</u> ajudar/<u>pra</u> ser surpresa./Um beijão <u>pra</u> você e <u>pra</u> Ju;

c) uso de marcadores conversacionais: A Dona Sandra, <u>sabe?</u>, a mãe da Robertinha/quê que tem, <u>né</u>?/<u>Olha</u>, em setembro vai ser o meu aniversário/<u>Sabe</u>, vou ver se bolo/<u>Ó</u>, pensa numa coisa diferente/Mas é segredo, <u>viu</u>, prá ser surpresa;

d) uso de conectores da linguagem oral e coloquial: <u>Aí</u> ela teve uma ideia gênio;

e) uso de formas de dizer que são coloquiais, informais e populares, inclusive gírias, elementos muitas vezes afastados da norma culta: Menina, foi <u>manero</u> demais,/pra <u>curtir</u> também/[*dupla negativa*: <u>Não</u> foi daquelas festas que a gente costuma ir, <u>não</u>./<u>não</u> queria ganhar muito brinquedo, <u>não</u>/<u>Não</u> quero festa muito de pirralha, <u>não</u>.]/e uns <u>negócios</u> enroladinhos que pareciam uma chuva colorida.(imprecisão vocabular pelo uso de termo genérico)./com <u>um montão de</u> coisas gostosas/mas me <u>entupi</u> daquele creminho./eu achei <u>legal</u>/Ela disse que <u>encheu</u> de tanta boneca/Aí ela teve uma ideia <u>gênio</u>/Então a turma <u>topou</u>/vão <u>curtir</u> <u>de montão</u>/<u>Um mundo de</u> gente/festa muito <u>de pirralha</u>/Sabe, vou ver se <u>bolo</u> uma coisa bem <u>legal</u>/pra ajudar <u>igual a</u> Robertinha fez/MSN é <u>legal</u>;

f) uso de formas reduzidas de nomes ou com o diminutivo, para mostrar familiaridade: Pam/Robertinha/Sergim/Ju.

Num texto como esse ou em textos de alunos em que há muitas marcas de oralidade, linguagem informal e norma não culta, conforme o objetivo, pode-se ir levando o aluno a dizer (e aprender se não souber) como devia fazer para ser escrito, ou culto e mais formal, eliminando a(s) marca(s) de oralidade e os torneios informais e não cultos.

(104) Professor(a), veja também o exercício (113) sobre Sinônimos – Sentido de expressões.

Um exemplo de atividade possível a partir do texto "Festa de aniversário" seria (104) em que se tem uma oposição não culto x culto e (105) em que se trabalha a oposição oral x escrito.

(104) Substitua a expressão sublinhada no trecho abaixo do texto "Festa de aniversário" (T11) por uma única palavra que dê o mesmo sentido.

> "Foi todo mundo na festa. <u>Um mundo de</u> gente: a turma da escola, os amigos da rua e até aquele menino chatinho, sabe o Sergim?" (T11)

(104) Resposta
muita.

(105) Respostas
a) Está gostando de morar aí em Santa Rita?
b) Pena que você não estava aqui para curtir também.
c) Minha mãe fala que estou gordinha, mas me entupi daquele creminho.
d) Já estou te convidando.

(105) Nos trechos abaixo da carta de Ana Luisa para Pam (T11) ela escreveu as palavras sublinhadas como elas são faladas pela maioria das pessoas. Reescreva as frases, colocando as palavras na forma escrita:

> **a)** "<u>Tá</u> gostando de morar aí em Santa Rita?" (T11)
>
> **b)** "Pena que <u>cê</u> não <u>tava</u> aqui <u>pra</u> curtir também." (T11)

c) "Minha mãe fala que <u>tô</u> gordinha, mas me entupi daquele creminho." (T11)

d) Já <u>tô</u> te <u>convidano</u>.

Outro texto que oferece material para tratar da oralidade é "As férias das fadas" (T3) (com muitas interjeições e modos de dizer coloquiais), entre outros textos que têm menos ocorrências de elementos de oralidade (especialmente a forma "pra" da preposição "para"). Veja também as atividades sobre "alongamento de vogais" (exercício 53 no item 3.2.1).

Uma fonte para o trabalho com a oposição entre o oral e o escrito e também o que é culto e não culto, formal e informal são os textos dos alunos e de outras pessoas nas redes sociais (Orkut, Facebook, Twitter), no MSN, nos *e-mails* e assemelhados. Veja o texto "**Bate-papo em rede social**" (T10). Nesses meios geralmente se usa uma "escrita" particular em que há muitos elementos de oralidade, de informalidade e norma não culta, devido ao fato de que se tem uma conversação por escrito, além de recursos outros, como os *emoticons*, que não são usados em outra forma de escrita. Além disso, se utilizam (exemplos do T10):

a) muitas abreviaturas fora das normas oficiais de abreviação: vc (você), cs (casa), qj (queijo), tb (também), q (quer ou que), blz (beleza), flw (falou), dps (depois), cmg (comigo), peri (espera aí), cd (cadê);

b) usa-se ortografia não oficial (serto, tshau, erado, vamu, jama, saite, fes, aqueli, axo, lanxá), além de problemas de digitação diversos, tais como repetição ou troca de letras, falta de letras ou de espaço entre palavras (delá, paasada, castogo);

c) não se coloca pontuação e nem sinais diacríticos como os acentos e o til (ta, te, so, nao, entao, ne, mae) em um bom número de casos;

d) usam-se sinais e figuras para indicar emoções, tais como :) (alegria), :((tristeza) e *emoticons* como:

e) uso de convenções próprias para substituir elementos que acompanham a língua oral como risos (kkkkkkk, rsrsrsrs);

f) uso de marcadores conversacionais (serto?, ne?) e da interjeição de chamamento (ou!).

Os casos de **a**, **b** e **c**, geralmente ocorrem pela rapidez dessa "conversa escrita". Orientar os alunos para que evitem o uso de tais formas e recursos em textos escritos fora da internet é aconselhável.

Para além da sala de aula:
Língua oral e Língua escrita

▸ FÁVERO, Leonor Lopes; ANDRADE, Maria Lúcia C. V. O.; AQUINO, Zilda G. O. *Oralidade e escrita:* perspectivas para o ensino de língua materna. São Paulo: Cortez, 1999.

> • Uma obra que apresenta as principais questões da oralidade e da escrita, oferecendo conhecimento atual sobre o assunto e sua aplicabilidade em sala de aula.

▸ MARCUSCHI, Luiz Antônio. *Da fala para a escrita:* atividades de retextualização. São Paulo: Cortez, 2001.

> • A partir de uma visão não dicotômica das relações entre língua oral e língua escrita, o autor mostra que a relação entre a oralidade e a escrita se dá num contínuo fundado nos próprios gêneros textuais em que se manifesta o uso da língua no dia a dia. A partir daí, tem-se uma relação com o ensino em que a passagem do oral para o escrito é visto como uma retextualização.

Livros sugeridos para ações literárias

3º ANO

▸ PARREIRAS, Ninfa. *Coisas que chegam, coisas que partem.* Ilustrações: Cláudia Ramos. São Paulo: Cortez, 2008.
- Uma coleção de poemas que revelam nossos sentimentos e atitudes e muito do que está em jogo na chegada e na partida das pessoas, das coisas e dos fatos. Com certeza uma leitura para desenvolver a capacidade da percepção lírica dos alunos.

▸ CAVION, Elaine Pasquale. *O colecionador de águas.* Ilustrações: Lúcia Hiratsuka. São Paulo: Cortez, 2012.
- Crianças adoram colecionar tudo. Neste livro elas descobrirão quão interessante é fazer uma coleção de águas, como a de Francisco. E mais ainda... o que acontece no final com uma coleção tão diferente?! Um conto infantil para ajudar seus alunos a apreender e aprender a narrativa.

- BRAZ, Júlio Emílio. *Causos de Pedro Malasartes* (Reconto). Ilustrações: Anelise Zimmermann. São Paulo: Cortez, 2011.
    - Pedro Malasartes é uma figura conhecidíssima de nosso folclore. Suas aventuras cheias de espertezas certamente cativarão os alunos, especialmente no reconto de Júlio Emílio. Narrativas populares cheias de sabor que certamente ajudarão seus alunos a se interessar pela leitura.

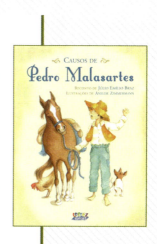

- VENEZA, Maurício (Texto e ilustrações). *Coração de passarinho*. Belo Horizonte: Dimensão, 2013.
    - Esta é a história do amor entre dois passarinhos bem diferentes dos que a gente costuma ver cruzando os ares ou pousados nos galhos. E, como toda boa história de amor, surpreende e emociona...

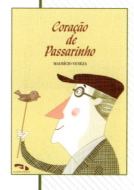

- SAVARY, Flávia. *Vinte cantos de sereia*. Ilustrações: Suppa. Belo Horizonte: Dimensão, 2012.
    - Um livro encantador, como o canto da sereia. Todos os poemas têm versos curtos e são divertidos. O cotidiano é retratado com humor, homenageando a vida, captada nos seus movimentos mais corriqueiros, mas tão importantes como fonte de poesia.

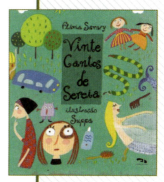

> **CAPÍTULO 4**

O ensino de vocabulário

"Certa palavra dorme na sombra de um livro raro. Como desencantá-la?"
(A palavra mágica – Carlos Drummond de Andrade)

Por que é importante fazer um ensino de vocabulário?

Como se desenvolve um ensino de vocabulário?

Que tipos de atividade de ensino de vocabulário

se pode fazer?

O ensino de vocabulário é fundamental no letramento, pois ele visa a ajudar o aluno a adquirir o domínio de um conjunto significativo de palavras e expressões que na vida de uma pessoa nunca para de crescer, pois o desenvolvimento da competência lexical não tem fim. A **competência lexical** é o conjunto de itens lexicais (palavras e expressões) que alguém é capaz de usar tanto ativa (na produção de textos) quanto passivamente (na compreensão de textos). Esse conjunto de palavras que alguém conhece e usa será o vocabulário de domínio da pessoa e tem uma influência direta na sua capacidade e habilidade para produzir e compreender textos adequadamente.

O **objetivo** geral **dos exercícios de vocabulário** é fazer que o aluno tenha não um simples conhecimento do sentido das palavras, mas que ele conheça também todas as possibilidades significativas de cada palavra, seus matizes de sentido, as semelhanças e diferenças entre as palavras e expressões e outras relações que as palavras podem ter entre si. É preciso que o aluno saiba perceber o uso do léxico nos textos para compreender sua constituição e formação de seu sentido. Trabalha-se assim também a questão da adequação vocabular, ou seja, do emprego da palavra ou expressão que melhor instaura o sentido que se pretende e que seja adequado à situação específica de interação comunicativa em que se encontra.

Rocha (1996) diz que:

> *Conhecer uma palavra é ser capaz de reconhecê-la, relembrá-la, relacioná-la a um objeto ou conceito, usá-la corretamente, pronunciá-la e ortografá-la, colocá-la apropriadamente, usá-la em um nível adequado de formalidade e ter consciência de suas conotações e associações* (p. 14)

Na verdade, é preciso que o aluno desenvolva uma atitude inquiridora, de quem sempre demanda esclarecimentos sobre o valor de itens lexicais (palavras e expressões) que não conhece e também aceite que outros o façam em relação a itens lexicais que empregou. Assim, o perguntar sobre as palavras e expressões usadas pode ser feito diretamente a quem as empregou, ao contexto e ao dicionário. No caso do dicionário, é preciso ensinar o aluno a selecionar e usar o sentido da palavra que é o apropriado para determinado texto.

É preciso observar alguns **princípios** ao fazer exercícios de vocabulário: a) nunca trabalhar com as palavras e expressões fora de um cotexto (ou seja do texto em que foram empregadas) e de um contexto (uma situação de uso); b) fazer o item lexical reaparecer até que o aluno o domine, o que nem sempre será fácil (é o princípio pedagógico da repetição); c) trabalhar com fenômenos tais como: os campos semânticos, os campos lexicais, a formação de palavras, sentidos específicos e  genéricos das palavras, denotação e conotação, polissemia, entre outros; d) trabalhar com as relações entre as palavras do léxico, a saber: sinonímia, antonímia, homonímia, paronímia, hiperonímia/hiponímia, cognatos etc.; e) mostrar como se usa o dicionário e o tipo de informações que podemos obter nele, tais como a classe da palavra, seu gênero, sua flexão, sua pronúncia, sua ortografia, significados, homônimos, antônimos etc. Informações como etimologia, data de aparecimento na língua etc. não serão pertinentes no Ensino Fundamental; f) seguindo o princípio visto no capítulo 1, trabalhar primeiro com as palavras mais frequentes, passando para as de uso menos comum, lembrando, entretanto, que, se as palavras ocorrem em sala de aula, devem ser trabalhadas; g) finalmente é preciso estar atento à relação das palavras com as variedades linguísticas regionais, de cortesia, de uso em linguagens técnico-científicas e de uso na linguagem coloquial e menos formal ou mais culta e mais formal.

Temos vários tipos de exercícios de vocabulário, que indicamos nos exemplos com um subtítulo. Você pode rever no capítulo 2, item 2.1, subitem III a lista dos tipos de exercício de vocabulário e o que pode ser trabalhado neste tipo de exercício para ajudar no letramento e no que respeita ao desenvolvimento da competência lexical. A seguir apresentamos alguns exemplos dos principais tipos de exercício de vocabulário a serem trabalhados nas séries iniciais do Ensino Fundamental.

É importante dizer que: a) às vezes uma mesma atividade trabalha com mais de um tipo de exercício; b) uma atividade de ensino de vocabulário pode estar ligada ao conhecimento linguístico listado no capítulo 2, ao tratar de fatos que não são abordados teoricamente em dado ano, mas que são importantes para desenvolver a competência do aluno. Isto acontece, por exemplo, com operadores argumentativos, cuja teoria é complexa, porém seu funcionamento nos textos é de fácil abordagem se considerarmos o que fazem nos textos. Um outro exemplo: o significado e funções das preposições e conjunções podem ser tratados sem teorizar, como feito nos exercícios (50) e (51) com as preposições.

O fundamental que podemos dizer no espaço de que dispomos antes de passar para os exemplos de atividades é isto, embora haja muitos detalhes que podem ser observados pelo professor. Esperamos que os exemplos deem uma ideia básica e eficiente para que o(a) professor(a) possa fazer bons exercícios de vocabulário.

▶ **Diferentes sentidos da mesma palavra**

(106) Você já sabe que a palavra **como** pode ser usada para fazer uma comparação. Veja a palavra **como** em destaque no trecho abaixo do texto 1:

"**Como** estávamos com fome, decidimos ir comprar um cachorro-quente num carrinho que se encontrava ali." (T1)

A) Neste trecho a palavra como indica[42]:

a) Causa (pode ser substituída por **porque**).
b) Modo (tem o sentido de "de que modo", "de que maneira").
c) Comparação (indica uma semelhança entre duas coisas).

Resposta: a.

42 - Neste exercício, trabalha-se com os três valores de **como** mais frequentes no uso. Observe que ao trabalhar os diversos sentidos de como, está-se também trabalhando a expressão de causa, de modo e de comparação.

B) Agora diga qual sentido a palavra **como** tem nos trechos abaixo: comparação, causa ou modo:

a) **Como** você descobriu meu endereço?

Resposta: modo.

b) Você fala **como** um papagaio.

Resposta: comparação.

c) **Como** mamãe demorou nas compras, ficamos com fome.

Resposta: causa.

C) Faça uma frase, usando **como** em um dos sentidos estudados. Depois cada aluno diz sua frase para a turma que vai descobrir o sentido de "como" na frase.

(107) A) Veja a palavra **vivo** usada no trecho abaixo do texto "Festas – O folclore do mestre André" (T15):

"Acho importante você saber que o folclore não é apenas uma coisa do passado, da tradição. Ele é **vivo** e está presente no seu dia, muito mais do que você imagina." (T15)

> A palavra **vivo** no trecho anterior tem o sentido de:
>
> a) com vida, não morto.
>
> b) forte, intenso.
>
> c) fervoroso, ardente.
>
> d) que existe.
>
> e) esperto, ligeiro.
>
> Resposta: d.

B) Na verdade a palavra **vivo** pode ser usada com todos os cinco significados propostos em **A**. Relacione os diversos sentidos vistos ali com o sentido da palavra vivo nas frases abaixo:

> **a)** (   ) Mamãe ficou muito feliz ao ver que nosso gatinho, apesar de sumido há três dias, ainda estava **vivo**.
>
> Resposta: a.
>
> **b)** (   ) Meu priminho é muito **vivo**. Brinca o dia inteiro sem parar.
>
> Resposta: e.
>
> **c)** (   ) Estas flores são de um vermelho **vivo**. São muito bonitas.
>
> Resposta: b.
>
> **d)** (   ) Vovó tinha uma fé **viva**, que passou para todos nós.
>
> Resposta: c.

C) [43] A palavra vivo aparece também na expressão "**ao vivo**". Veja:

---

43 - Este exercício é do tipo sentido de expressões.

> O show de Natal na praia vai ser transmitido **ao vivo** pela televisão.

a) Qual é o sentido da expressão "ao vivo"?

Resposta: No momento mesmo em que está ocorrendo.

b) E no trecho seguinte?

No baile da escola teremos música **ao vivo**.

Resposta: Apresentada diante dos espectadores, do público pelos músicos e não tocada em aparelhos de som.

D) Escreva uma frase usando a palavra **vivo** e diga o sentido que ela tem na sua frase. A turma e o(a) professor(a) confirmam se você está certo.

(108) A) Leia a frase abaixo:

> "No dia da mudança, levantei bem **cedo** para dar o último passeio com o Hermes." (T4)

Na frase acima do texto "Amigos pra cachorro" (T4), o que significa a palavra **cedo**:

a) antes do tempo ou da ocasião própria, combinada.

b) ao alvorecer, de madrugada, nas primeiras horas da manhã.

c) dentro de pouco tempo; depressa, rapidamente.

Resposta: b.

B) E nas frases abaixo (coloque a letra de acordo com os sentidos acima):

a) ( ) Meus filhos acostumaram-se a acordar bem **cedo** para irem à escola.

Resposta: b.

b) ( ) José, não vá sair muito **cedo** da festa de aniversário do seu primo.

Resposta: a.

c) ( ) Desculpe eu ter chegado muito **cedo**, mas é que ganhei uma carona.

Resposta: a.

d) ( ) Ele tratou mal seus primos. **Cedo** virão os remorsos.

Resposta: c.

C) Diga qual é o sentido da palavra cedo na frase abaixo:

Minha mãe toda noite diz: menino tem que dormir **cedo**! E me manda para a cama.

Resposta: Mais no início da noite. Por exemplo, por volta de 21 horas ou 9 horas da noite ou mesmo antes.

▶ Diversas palavras com o mesmo sentido

(109)
Professor(a), estes 3 nomes são os mais comuns e usados. Há outros, mas nas primeiras séries é suficiente apresentar os de uso mais frequente. Este exercício trata também de variação linguística (dialeto regional) que é uma das razões para se ter várias palavras com o mesmo sentido.

(109) A) "Pra mim aquilo era o **demônio** que vinha cobrar nossos pecados." (T15)

Existem várias palavras que têm o mesmo sentido da palavra "demônio". Sublinhe nas frases abaixo as palavras que têm o mesmo sentido de demônio:

a) Jorginho gostava de contar histórias de capeta, até o dia em que os colegas passaram o maior susto nele com uma máscara de capeta.

b) O diabo gosta de ficar debaixo do pé de coité.

c) Satanás é a representação do mal.

B) No almoço tinha **macaxeira** com carne moída. Adoro.

A palavra **macaxeira** é muito usada no Nordeste do Brasil para falar de uma planta que faz parte da nossa alimentação. Essa planta tem outros nomes em outras regiões. Você conhece outros nomes de macaxeira? Se sim, diga-os. Se não, veja se você descobre outros nomes dessa planta. Se preciso, use o dicionário.

(109)
Respostas
A) a) capeta.
b) diabo.
c) satanás.

B) mandioca, aipim.

▶ Sinônimos – Sentido de palavras

(110) A) Retire do texto "A alegria" (T2) seis palavras que basicamente significam "triste".

_____

B) Como você soube que estas palavras tão diferentes significam "triste"?

_____

(110)
Professor(a), este exercício objetiva chamar a atenção do aluno para o fato de que muitas vezes no próprio texto o autor esclarece o sentido de uma palavra pouco comum. É preciso ensinar o aluno a usar estas pistas.

(111) A) Qual é o sentido da palavra **decidir** no trecho abaixo do texto "A alegria" (T2)? Se for preciso, consulte o dicionário:

"Até que os palhaços do mundo todo se reuniram e **decidiram** que era hora de acabar com tanta tristeza." (T2)

B) Veja a frase abaixo e depois escolha qual dos sentidos apresentados melhor especifica o sentido da palavra **mico** no texto:

"Quem nunca quis ter um **mico** de estimação?" (T13)

a) (   ) Tipo de macaco.

b) (   ) Situação embaraçosa que nos deixa envergonhados.

(110)
Respostas
a) lúgubres, soturno, melancólico, macambúzio, sorumbático, soturno.
b) O autor explicou entre parênteses.

(111)
Respostas
A) resolveram.
B) a.

C) Relacione a primeira coluna com a segunda de acordo com o sentido de "**mudar**" em cada frase:

a) Morar num lugar (casa, cidade etc.) e ir morar em outro.

b) Pôr em outro lugar.

c) Tirar para pôr outro, substituir.

d) Transformar-se, ficar diferente do que era.

a) (   ) Meu irmão mudou a fechadura de seu baú. Resposta: c.

b) (   ) Vamos mudar o sofá para perto da janela. Resposta: b.

c) (   ) Minha irmã mudou muito. Agora está mais calma e estudiosa.   Resposta: d.

d) (   ) "Nunca pensei que mudar fosse essa loucura." (T4)

Resposta: a.

(112) A) A palavra **imediatamente** no trecho abaixo do texto "Minha irmã Inês" significa _____

Resposta: na mesma hora.

"Imediatamente, senti que ela me puxava pela manga." (T1)

B) Já a palavra **dificilmente** no texto da Carmela Caramelo (T9) na frase *(Carmela Caramelo)* "**Dificilmente** caía" (T9) significa:

a) (   ) nunca   **b)** (   ) às vezes

c) (   ) com dificuldade   **d)** (   ) quase nunca, raramente

Resposta: d.

▶ Sinônimos – Sentido de expressões

(113) A) No texto "A alegria" (T2) o autor usa uma expressão que está em negrito no trecho do texto transcrito abaixo:

> "Primeiro, juntaram **uma montanha de** lápis de cor, tinta guache e giz de cera e saíram pelo mundo colorindo casas, prédios, lojas e pessoas." (T2)

Esta expressão tem o mesmo sentido de outras parecidas: **um monte de, um montão de, um mundo de.** As três expressões significam **"uma grande quantidade de", "muito(s)".** Elas são usadas mais na língua falada e do dia a dia, enquanto "uma grande quantidade de" é de uma linguagem mais cuidada, mais usada na escrita[44].

B)[45] O autor poderia ter dito:

> Primeiro, juntaram **muito** lápis de cor, tinta guache e giz de cera e saíram pelo mundo colorindo casas, prédios, lojas e pessoas.

a) Qual das duas frases você acha que indica que os palhaços juntaram uma quantidade maior de lápis de cor,

---

44 - Professor(a), comumente em um exercício de vocabulário temos a oportunidade de mostrar para os alunos diferenças entre variedades linguísticas, como aqui entre uma linguagem culta e não culta, formal e coloquial.
45 - Esta questão é uma atividade de diferença de sentido entre sinônimos.

> tinta e giz: a construída com a palavra "muito" ou a construída com a expressão "uma montanha de"[46]?
>
> ---
>
> Resposta: A construída com a expressão "uma montanha de".

C) Veja outros exemplos retirados do Texto 11 ("Festa de aniversário"):

> a) "[...] a mãe da Robertinha pôs uma mesa eee-noooorme no meio da praça com **um montão de** coisas gostosas." (T11)
>
> b) Foi todo mundo na festa. **Um mundo de** gente: a turma da escola, os amigos da rua e até aquele menino chatinho, sabe o Sergim?

> **a)** Escreva uma frase com uma das quatro expressões vistas e outra com a expressão "uma grande quantidade de". Na sala, o(a) professor(a) vai sortear dez alunos para dizer suas frases e a turma vai dizer se ficou boa ou não.
>
> ---
>
> Resposta pessoal.

46 - Professor, aqui além de trabalhar o sentido de expressões, trabalha-se também a diferença de sentido entre sinônimos. É comum uma única atividade trabalhar com mais de um tipo de exercício de vocabulário.

(114) Relacionar a expressão com a palavra "braço" e seu sentido:

a) Pessoa que ajuda outra com muita dedicação e competência.

b) Não trabalhar; ficar sem fazer nada.

c) Mudar de opinião, porque percebe que está errado.

d) Com alegria, afeição e interesse.

e) Bater, dar pancadas.

---

a) ( ) Aquele menino era muito violento, pois por qualquer coisa **descia o braço** nos colegas   Resposta: e.

b) ( ) João é **meu braço direito** no trabalho.   Resposta: a.

c) ( ) Como as meninas não os convidaram para a festa, os meninos **cruzaram os braços** e não as ajudaram.   Resposta: b.

d) ( ) Quando fomos visitar nossos amigos, eles nos receberam de **braços abertos**.   Resposta: d.

e) ( ) Apesar de estar errado, Renato não **deu o braço a torcer**.   Resposta: c.

▶ Sinônimos – Diferença de sentido entre sinônimos

(115) Veja a palavra "rechonchuda" que aparece no texto "As férias das fadas":

"Quero entrar em forma. Chega de sermos desenhadas como titias **rechonchudas**, naqueles livrinhos onde você está sempre linda e maravilhosa." (T3)

> **Rechonchudo** tem alguns sinônimos como **gordo, gorducho, obeso.** Todos eles se referem ao fato de a pessoa ter peso acima do normal, ter muita gordura no corpo.

A) Podemos trocar "rechonchuda" por qualquer um deles, e dizer **titias gordas, titias gorduchas** ou **titias obesas,** mas não vamos estar falando exatamente a mesma coisa. Qual a diferença? Para chegar à diferença, responda:

a) Qual dos quatro sinônimos tem algo de carinhoso ao falar da gordura de alguém? _____

_____ Resposta: rechonchudo.

b) Qual deles indica que a pessoa não é muito gorda?

_____ Resposta: gorducho.

c) Qual indica a mais gorda, muito gorda? _____

_____ Resposta: obeso.

d) Você acha que "rechonchudo" é mais parecido com gorducho, gordo ou obeso? _____

_____ Resposta: com gorducho.

B) Agora coloque **gordo, gorducho** e **obeso** em ordem do menos gordo para o mais gordo:

_____

Resposta: gorducho > gordo > obeso

▸ Antônimos

(116) A) Veja que as palavras sublinhadas no trecho abaixo têm sentidos opostos, contrários:

> "Olhei para baixo com ar inquiridor, e ela reclamou:
> — **Sem** nada não, **com** salsicha!" (T1)

a) **Com** significa basicamente *soma, junção, união, companhia.*

b) **Sem** significa basicamente *falta, ausência, privação, exclusão.*

Palavras com sentido oposto, contrário, são chamadas de **ANTÔNIMOS.**

B) Dê os antônimos das palavras em negrito nos trechos abaixo:

a) "... ao que eu respondi que, para mim, queria um cachorro-quente com tomate e, para ela, um **sem nada.**" (T1)

Resposta: com tudo.

b) "Houve um tempo em que todo mundo era muito **triste.**" (T2)

Resposta: alegre.

c) "No dia da mudança, levantei bem **cedo** para dar o **último** passeio com o Hermes." (T4)

Resposta: tarde/primeiro.

d) "As harpias vivem em florestas no Brasil, na Argentina, na Venezuela e na América Central e são **fortes** caçadoras." (T5)

Resposta: fracas.

e) "Dengue pode matar. Mas evitar não é **difícil**." (T6)

Resposta: fácil.

f) "Quando respondessem o anúncio que coloquei no jornal, buscaria meu **amigo**." (T4)

Resposta: inimigo.

(117) Encontre no texto 4 (Amigos pra cachorro) duas palavras que são antônimas e escreva aqui o trecho em que elas aparecem:

_____

_____

Resposta: No dia em que papai fechou negócio, ele chegou avisando que tinha duas notícias: "a boa: vamos nos mudar [...] A ruim: cachorro no prédio, nem pensar. Sinto muito."

(118) Complete o trecho abaixo com o antônimo da palavra sublinhada:

a) Depois do que você fez, não sei mais se você é meu amigo ou meu _____.

Resposta: inimigo.

b) Ele pensou que era infeliz, mas descobriu que era _____.

Resposta: feliz.

Professor(a), veja também as atividades do exemplo (124).

▸ Homônimos

(119) Observe a palavra **torta** no trecho abaixo:

> "Os palhaços começaram então a jogar **tortas** nas caras das pessoas e, com isso, arrancavam muitas risadas." (T2)

a) O que significa torta neste trecho?

Resposta: Espécie de comida de sal ou de doce feita com uma massa recheada com creme, frutas etc., quando de doce; e de carne, camarão, palmito etc., quando de sal.

Agora observe a palavra **torta** no trecho abaixo:

> Por que você colocou esta barra de ferro **torta** como trave do gol?

b) A palavra torta nesta frase está dando uma característica da barra de ferro que é

Resposta: não ser reta, ser curva, sinuosa, torcida.

Palavras que como essas são iguais na fala, na escrita ou na fala e na escrita, mas têm sentido completamente diferente, nós chamamos de **HOMÔNIMOS.**

Exemplos:

a) iguais na fala e na escrita: são (sadio); são (santo); são (verbo ser);

b) iguais só na fala: acento (sinal que se coloca nas palavras para indicar a sílaba mais forte) x assento (banco, lugar onde nos assentamos)/era (época ou forma do verbo ser) x hera (planta trepadeira);

c) iguais só na escrita: sede [sêde/primeiro **e** é fechado](vontade ou necessidade de beber água) e sede [séde/primeiro **e** é aberto] (local em que funciona uma organização qualquer);/o acordo [acôrdo/primeiro **o** é fechado] (a combinação, o que foi combinado) x eu acordo [acórdo/primeiro **o** é aberto] (eu desperto, do verbo acordar).

(120) Veja os trechos abaixo do texto "Festa de aniversário" (T11):

a) "A Dona Sandra, sabe, a mãe da Robertinha, pôs uma mesa eeenoooorme no meio da praça com um montão de coisas gostosas: refrigerante, suco, doce, pão de queijo, balas, bombons, **bolo** e umas forminhas bonitinhas com um creme dentro cheinho de bolinhas coloridas." (T11)

> b) "Ela deu o **bolo**: grandão, com o desenho do castelo do príncipe e cê não sabe da melhor: de coco! Adoro **bolo** de coco!" (T11)
>
> c) "Não quero festa muito de pirralha, não. Já vou fazer 10 anos! Sabe, vou ver se **bolo** uma coisa bem legal pra ajudar igual a Robertinha fez." (T11)

A) Você observou que a autora do texto usa duas palavras "**bolo**" diferentes, que são iguais na escrita, mas são faladas de modo diferente e têm significados completamente diferentes que estão abaixo.

> Relacione os trechos acima com os sentidos de "bolo" especificados abaixo. Coloque a letra da frase antes do significado de "bolo" na frase:
>
> **a)** _____ bolo (pronúncia: bôlo): Iguaria (comida fina) doce, feita com massa, em cuja composição entram, em geral, farinha, fermento, ovos, gordura, açúcar, leite etc., e que é assada em fôrma. À massa, depois de assada, pode-se acrescentar recheios e/ou coberturas diversos.
>
> Resposta: a, b.
>
> **b)** _____ bolo (pronúncia: bólo): Forma do verbo bolar: imaginar, criar. Resposta: c.

(120)
B) a) Professor(a), este é um exercício de sentido de expressão, mas aparece aqui, porque é a palavra "bolo" que está sendo trabalhada. Poder-se-ia também trabalhar outros sentidos da palavra bolo que são também homônimos de uso mais coloquial: a) Ajuntamento confuso de gente; confusão, desordem (Tinha um bolo de meninos e eu não vi quem jogou a pedra/Esta história está um bolo, cada um fala uma coisa diferente); b) Quantia formada por apostas, dos parceiros no jogo (Quem vai ganhar o bolo da aposta se o Robertinho vem ou não à festa?).

Leia a frase para o(a) professor(a) ver se você fala a palavra "bolo" direito de acordo com o significado.

B) a) O que significa a expressão "**dar o bolo**" que aparece no trecho abaixo do texto "Carta de aniversário"?

Resposta: Faltar a um encontro ou compromisso marcados.

"Só o Pedro é que prometeu ir e não foi, **deu o bolo** na Robertinha. Logo ele, que a Robertinha acha o mais bonito." (T11)

(121) Veja a frase abaixo do texto "Carta de aniversário" (T11):

"**Pena** que cê não tava aqui pra curtir também." (T11)

A palavra **pena** neste trecho significa "*dó*" e foi usada por Ana Luisa como um modo de lamentar o fato de Pam não ter vindo à festa da Robertinha.

Você já viu falar em **pena** das aves (passarinho, galinha etc.)? Veja a frase abaixo do texto 5, "Você sabe tudo sobre os animais?"

> "O voo dessas aves *(as corujas)* é bem silencioso, pois elas contam com **penas** muito macias, que quase não causam atrito com o ar durante o voo." (T5)

Essa **pena** é uma *"pluma que reveste o corpo das aves"*. Então temos duas palavras iguais no modo de falar e escrever, mas que têm significados completamente diferentes.

b) Qual é o sentido da palavra **pena** na conversa abaixo? Se for preciso, consulte o dicionário. Resposta: castigo, punição.

— Sua **pena** por não ter feito os deveres é ficar o fim de semana sem *videogame*!

— Mas, papai, **pena** não é o que o juiz deu para o homem que assaltou a casa do Seu Roberto?

— **Pena**, castigo é mais ou menos a mesma coisa. O seu pode ser castigo, mas continua sem *videogame* no final de semana.

(121)
b) Professor(a), neste exercício (121b), além de aprender os homônimos, o aluno deverá perceber que às vezes uma palavra com determinado sentido tem um uso específico em uma determinada área. É o caso de pena que, com o sentido de castigo, punição é mais usada no campo da justiça. Você pode e deve comentar este tipo de fato sempre que tiver um elemento do léxico mais próprio de uma área (linguagem técnica) ou de uma variedade linguística.

(121)
c) Professor(a), como complemento, você pode levar a turma a dizer outros homônimos de que se lembrarem. Incentive-os a usarem os homônimos em pequenos textos e a apresentarem estes textos oralmente para os colegas. Vá colocando no quadro os pares de homônimos encontrados com os significados e peça aos alunos para copiarem. Isto também pode ser um jogo: a turma se divide em grupos e faz uma gincana em que ganha o grupo que encontrar o maior número de palavras iguais, mas de sentidos completamente diferentes.

c) Cada grupo fará três frases, uma com cada significado da palavra **pena**. Na turma cada grupo lê suas frases e diz qual o sentido que pena tem em cada uma. A turma e o(a) professor(a) dizem se está certo. Resposta pessoal.

▶ Parônimos

(122) Observe a palavra em negrito no trecho abaixo do texto "Você sabe tudo sobre os animais?" (T5):

"A língua das girafas chega a 40 centímetros de **comprimento** e, por ser bastante flexível, alcança cada orelha desses bichos." (T5)

Veja que ela é muito parecida com a palavra em negrito na frase abaixo:

Carolina não esperava do primo um **cumprimento** tão gentil.

Apesar de muito parecidas (só uma letra diferente), as palavras **comprimento** e **cumprimento** têm significados muito diferentes e não podemos confundi-las e trocar uma pela outra, quando vamos usá-las. Procure o significado de cada uma delas:

(121)
Professor(a), a definição para "comprimento" pode ser de difícil compreensão para os alunos. Por isso, dê exemplos de comprimento com objetos concretos.

A) a) comprimento:

Resposta: maior dimensão linear de um objeto.

b) cumprimento:

Resposta: gesto ou palavra de saudação.

B) As palavras **suar** e **soar** também são muito parecidas e podem ser confundidas. Diga o significado das duas:

a) Suar:

Resposta: verter suor pelos poros; transpirar.

b) Soar:

Resposta: emitir som.

C) Agora complete as frases com **suar** ou **soar** e **cumprimento** ou **comprimento**, conforme o sentido da frase:

a) Os meninos _____ muito quando estavam jogando futebol, hoje à tarde. (soaram ou suaram?)

Resposta: suaram.

b) Os sinos _____ às dezoito horas anunciando o início da festa. (soaram ou suaram?) Resposta: soaram.

c) Vamos medir o _____ da mesa. (comprimento ou cumprimento?) Resposta: comprimento.

d) Não se deve negar um _____ a uma pessoa da família. (comprimento ou cumprimento?)

Resposta: cumprimento.

▶ Hiperônimos e hipônimos

(123) Leia a frase abaixo:

"Minha **irmã** Inês, que na época tinha uns 3 anos, e eu esperávamos à porta de um centro comercial que minha **mãe** voltasse das compras." (T1)

As palavras em destaque na frase podem ser referidas por uma só que engloba as duas: **parentes**.

a) Diga outras palavras que também indicam parentes:

_____

Resposta: pai, irmão, avô, tio, primo.

(124) No 4º parágrafo do texto "A alegria" (T2), encontre todas as palavras que em seu conjunto podem ser substituídas pela palavra **"bichos"** que aparece no mesmo parágrafo.

Resposta: gato, cachorro, papagaio, galo.

▶ Formação de palavras – Sufixo

(125) A) Observe a palavra em negrito no trecho abaixo do texto 1:

"Olhei para baixo com ar **inquiridor**, e ela reclamou:
— Sem nada não, com salsicha!" (T1)

Inquiridor quer dizer aquele que inquire, que faz várias perguntas para saber de algo. Esta palavra foi formada assim:

inquirir + dor = inquiridor

Essa terminação **-dor** ou **-or** que acrescentamos a palavras indicadoras de ação (verbos) indica a pessoa, animal ou coisa que faz a ação expressa pela palavra a que ela foi acrescentada. Veja os exemplos:

> **Pessoas e animais:** varredor, limpador, comprador, torcedor, roedor.
>
> **Coisas:** abridor, coador, ventilador, aspirador.

Encontre nas frases abaixo outras palavras formadas com a terminação **-dor** ou com a terminação **-or** e diga o que elas significam:

a) "O vendedor, referindo-se aos molhos, perguntou se queríamos de tomate ou mostarda..." (T1)

Resposta: vendedor.

b) " — Ela cortou! Mas, dessa vez, a rainha usou um disfarce de demonstradora e deu uma barrinha de cereal pra ela provar no supermercado." (T3)

Resposta: demonstradora.

c) "Todos os sapos são ótimos saltadores." (T5)

Resposta: saltadores.

d) "De carona em navios ou aviões, os bichos invasores viajam de um país a outro e causam a maior confusão por onde chegam." (T13)

Resposta: invasores.

B) Usando as terminações **-dor** e **-or,** faça palavras a partir dos verbos abaixo. Depois escolha uma delas e faça uma frase que você vai dizer para a turma:

a) pular - _____
Resposta: pulador.

b) falar - _____
Resposta: falador.

c) cuidar - _____
Resposta: cuidador.

d) entregar - _____
Resposta: entregador.

_____

Resposta pessoal.

Terminações que acrescentamos às palavras para formar novas palavras com novo sentido são chamadas de **SUFIXOS.** Os sufixos sempre têm um sentido que acrescentam à palavra formada por eles.

▶ Formação de palavras – prefixo

(126) Observe o trecho abaixo do texto "Carmela Caramelo – Quando se distraía" (T9):

"Às vezes se distraía e... um tropeção bem no meio da calçada a fazia se **desequilibrar** toda." (T9)

A palavra em negrito (desequilibrar) foi formada da seguinte forma:

des + equilibrar = desequilibrar

A) Observe outras palavras formadas com este elemento **des-** no início. Se a turma conhecer outras palavras com **des-**, pode acrescentar à lista:

desabrigar • destampar • desacordo
desfazer • desonesto • desamarrar

Qual o sentido que o **des-** acrescenta às palavras a que se junta?

a) repetição

b) antes

c) dois

d) negação, ação contrária

Resposta: d.

Com este sentido, podemos dizer que ele forma antônimos das palavras a que se junta? _____

Resposta: sim.

B) Reescreva as frases abaixo, trocando a palavra em negrito pelo seu antônimo formado com **des-**:

a) Pedrinho **amarrou** seu sapato.

Resposta: Pedrinho desamarrou seu sapato.

b) Todos o consideravam uma pessoa muito **honesta**.

Resposta: Todos o consideravam uma pessoa muito desonesta.

PREFIXOS são elementos que acrescentamos ao início de uma palavra para formar outra nova com um sentido novo. Veja os exemplos abaixo em que o sentido que o prefixo acrescenta aparece entre parênteses:

- Ordem/**des**ordem (negação)
- Campeão/**bi**campeão (duas vezes)
- Real/**ir**real (negação)
- Dizer/**pre**dizer (antes, anterioridade)
- Ler/**re**ler (repetição)

C) Veja agora o subtítulo do texto "Os penetras" (T13):

Visitantes indesejados

(126)
Professor(a), embora trabalhem com prefixação, as atividades de (126) também trabalham antônimos. É um exemplo de atividade que aborda ao mesmo tempo dois tipos de exercício de vocabulário.

A palavra "indesejados" que aí aparece é formada assim:

> **in** + desejados = indesejados

e significa o contrário de *desejados*.

D) O prefixo **in-**, como o prefixo DES-, indica negação e forma antônimos. Ele pode tomar as formas **-im** *(antes de p e b)*, **i-** e **ir-** conforme a palavra a que se junta para formar outra nova. Veja alguns exemplos de palavras formadas com **in-**:

> **ir**real • **im**possível • **in**feliz • **i**legal
> **in**fiel • **im**paciência • **i**mortal
> **in**tolerável • **in**visível

Escolha uma das palavras formadas com **in-** acima ou outra que você conheça e faça duas frases, uma com a palavra original e outra com a palavra formada a partir dela usando **in-** (Por exemplo: real e irreal – Vou lhes contar uma história real/Aquele bichinho não existia, era irreal, mas eu o via e ele era meu amigo invisível).

▶ Formação de palavras – Siglas

(127) Observe a palavra que aparece no final do texto 6:

SUS

Esta palavra é formada com as primeiras letras do nome de um serviço do governo para os cidadãos: o **Serviço Único de Saúde.** As palavras formadas assim são chamadas de **SIGLAS**.

Para abreviar os nomes de empresas, instituições, órgãos do governo, escolas etc., fazemos isto: criamos uma palavra usando a primeira ou primeiras letras do nome. As palavras criadas assim são chamadas de **siglas**. Veja outros exemplos:

BB – Banco do Brasil

MEC – Ministério da Educação e Cultura

INSS – Instituto Nacional de Serviço Social

USP – Universidade de São Paulo

CEU – Colégio Estadual de Uberlândia

A) Sua escola tem uma sigla? Se sim, qual é? _____

Se não, crie uma e a turma vai ver as siglas diferentes que foram feitas e escolher a que achou melhor.

B) Faça uma lista de siglas que você encontrar em sua cidade e diga o que significa cada uma. Em sala, cada um fala uma e será feita uma lista no quadro. Copie as que você não tinha encontrado.

> Você sabia que as palavras do tipo que você viu neste exercício são chamadas de **SIGLAS**?

▸ **Onomatopeias**

(128) Em grupo, discuta com seus colegas o que expressam as palavras em negrito no trecho abaixo do texto "O pulo" (T7). Depois a sala toda discute e a professora diz se está certo.

"O Gato – **zuuum** – pulou em cima da pedra. E a Onça – **procotó** – deu um pulo traiçoeiro em cima do Gato." (T7)

zuuum: imita o som do atrito do corpo do gato com o ar, quando o gato pulou – sugere a rapidez do pulo.
procotó: imita o som da onça caindo em cima da pedra com suas patas.

(129) Palavras que imitam sons das coisas são chamadas de **onomatopeias.**

Ainda em grupo vejam se vocês identificam as onomatopeias que aparecem nas frases a seguir. Diga o som que elas estão imitando.

a) A campainha tocou com seu dlim-dom tão bonito.

Resposta: dlim-dom/imita o som da campainha.

b) Os perus gluglulejavam no quintal da fazenda. Por que tanto alarido? – perguntou vovô.

Resposta: gluglulejavam/imitam o canto dos perus.

c) Splash! Marina pulou na piscina sem medo.

Resposta: Splash/imita o som da água da piscina quando Marina cai nela.

d) As galinhas-d'angola gritavam sem parar: tô fraco, tô fraco. Parece que pediam comida.

Resposta: tô fraco, tô fraco/imita o canto das galinhas-d'angola.

(130) A) Na cantiga que aparece no texto "Festas – O folclore do Mestre André" diga qual onomatopeia que imita o som dos seguintes instrumentos:

a) Sanfona: _____

Resposta: fon, fon, fon.

b) Violão: _____

Resposta: dão, dão, dão.

c) Tamborzinho: _____

Resposta: tum, tum, tum.

d) Pianinho: _____

Resposta: plim, plim, plim.

e) Cornetinha: _____

Resposta: tá, tá, tá.

> "Foi na loja do Mestre André
>
> que eu comprei uma sanfona.
>
> Fon, fon, fon, uma sanfona,
>
> dão, dão, dão, um violão,
>
> tum, tum, tum, um tamborzinho,
>
> plim, plim, plim, um pianinho,
>
> tá, tá, tá, uma cornetinha,
>
> ai-olé, ai-olé, foi na loja do Mestre André." (T15)
>
> (Cantiga do folclore brasileiro – trecho)

B) Invente uma onomatopeia para imitar o som:

Resposta pessoal. As respostas dadas são apenas exemplos.

a) da flauta _____

Resposta: fim, fim, fim/flu, flu, flu.

b) do triângulo _____

Resposta: tlim, tlim, tlim.

Professor(a), cremos que estes exemplos são suficientes para se ter uma ideia de como trabalhar os diferentes fatos do léxico que são básicos e podem ou devem ser estudados nas séries iniciais. Caso outros fatos dos que elencamos no capítulo 2, mas não exemplificados neste capítulo, ocorram e sejam objeto de perguntas dos alunos ou necessários para a compreensão de textos, convém dar explicações simples ao alcance dos alunos, mas não deixar sem esclarecimento.

Para além da sala de aula:
Ensino de vocabulário

▶ ILARI, Rodolfo. *Introdução ao estudo do léxico:* brincando com as palavras. São Paulo: Contexto, 2002.
- Um livro sobre as possibilidades de estudo das palavras no português brasileiro. Homônimos, sinônimos, antônimos, ambiguidades e anglicismos são alguns dos assuntos abordados mostrando ao professor como trabalhar em sala de aula com estes fatos relativos ao léxico e ao vocabulário, apresentando bases teóricas e exemplos de atividades.

Livros sugeridos para ações literárias

3º ANO

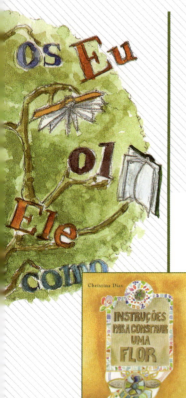

▸ DIAS, Christina. *Instruções para construir uma flor.* Ilustrações: Semíramis Paterno. São Paulo: Cortez, 2012.
- Uma narrativa real permeada de lirismo conta como Gabriel Joaquim dos Santos construiu sua famosa Casa da Flor em São Pedro da Aldeia, RJ. Mostra um poder de criação e de transformação que certamente inspirarão seus alunos.

▸ DIAS, Vera Lúcia. *Olha só quem vem lá!* Ilustrações: Sami e Bill. São Paulo: Cortez, 2010.
- Uma história encantadora que mostra como devemos e podemos conviver com as diferenças sem preconceito. Sem dúvida, uma narrativa a ser lida por seus alunos.

4º ANO

▸ ARAGÃO, José Carlos. *A bruxa tá solta!* Ilustrações: Rubem Filho. Belo Horizonte: Dimensão, 2011.

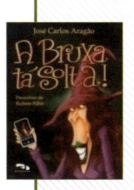

- Madame Elke é uma bruxa errante, sem eira nem beira, que vive viajando pelos quatro cantos do mundo. Um tanto atrapalhada e cheia de truques, é uma ameaça constante. Nesta aventura, ela planeja sequestrar os bichos das histórias mais apreciadas pelas crianças.

▸ GOMES, Lenice; PEDROZA, Giba. *Alecrim dourado e outros cheirinhos de amor.* Ilustrações: Cláudio Martins. São Paulo: Cortez, 2011.

- Quadrinhas com rimas deliciosas e delicadas, falando de amor de modo gentil e apropriado às crianças. Estes pequenos poemas de natureza popular ficarão no coração da infância de seus alunos. Propicie-lhes o prazer da poesia.

▸ GUTFREIND, Celso. *O nome da fera.* Ilustrações: Rubem Filho. Belo Horizonte: Dimensão, 2011.

- Nestes contos, o convívio de monstros e feras com gente como nós cria situações divertidas e bem próximas da nossa vida. Celso Gutfreind e Rubem Filho brilham juntos nessa criação surpreendente.

Palavras finais

Sem dúvida falar sobre o ensino de gramática nas primeiras séries do Ensino Fundamental para levar os alunos a um conhecimento linguístico pertinente não é fácil, considerando os muitos elementos e aspectos envolvidos, já sobejamente conhecidos dos(as) professores(as). Menos fácil é operacionalizar o aprendizado em sala de aula, com alunos de níveis diferentes de aprendizado e também em condições diferentes de aprendizagem. Todavia, nosso objetivo era mostrar que é possível trabalhar a gramática pela via do uso dos diferentes recursos da língua e do estudo da contribuição desses recursos para a significação, para o sentido dos textos, apresentando aos alunos alguns conceitos fundamentais e uma terminologia básica e mínima, apenas a necessária para ajudar a referência a elementos da língua e assim a construção do conhecimento linguístico de que o aluno precisa.

A montagem de projetos a partir de recursos específicos da língua, de tipos de recursos, de instruções de sentido ou de funções dos recursos linguísticos e de atividades que são desenvolvidas por meio da linguagem nos parece uma forma organizada e sistemática de realizar o ensino/aprendizagem, mesmo que o trabalho se desdobre por vários anos de ensino. Isto pode, sem dúvida, exigir dos professores da escola uma ação conjunta e coordenada entre as séries envolvidas no desenvolvimento do trabalho.

Sugerimos exercícios para o aprendizado de algumas noções que são pertinentes nas séries iniciais. No dia a dia da sala de aula, porém, outras noções e tópicos são igualmente importantes e precisam ser desenvolvidos.

A escolha do tipo de exercício e dos meios a serem utilizados naturalmente demanda bom senso e criatividade para que sejam adequados a cada turma, ao momento e a outras variáveis.

O importante é, como já enfatizamos, trabalhar "em texto", para que o aluno saiba entender e dizer com competência, utilizando os recursos que a língua oferece.

É igualmente importante perceber e acreditar que há um conhecimento linguístico passível de ser desenvolvido nas primeiras séries do Ensino Fundamental por meio de um ensino de gramática voltado para o uso e a significação; conhecimento este que é necessário para a efetivação de uma alfabetização e um letramento de qualidade.

Referências bibliográficas

CÂMARA JR., Joaquim Mattoso. *Estrutura da Língua Portuguesa*. Petrópolis: Vozes, 1970.

KOCH, Ingedore Grunfeld Villaça (1989). *A coesão textual*. 22. ed. São Paulo: Contexto, 2012.

MARCUSCHI, Luiz Antônio. *Da fala para a escrita*: atividades de retextualização. 6. ed. São Paulo: Cortez, 2005.

PARÂMETROS Curriculares Nacionais: língua portuguesa / Secretaria de Educação Fundamental. 2. ed. Rio de Janeiro: DP&A, 2000.

PERINI, Mário A. Sobre a classificação de palavras do ponto de vista da Sintaxe. *Subsídios à proposta curricular de Língua Portuguesa para 2º grau — Variação linguística e ensino de língua materna*. São Paulo: CENP/SEE, 1978, v. IV.

_____.*Gramática descritiva do Português*. São Paulo: Ática, 1995.

ROCHA, Iúta Lerche Vieira (Org.). *Cadernos de sala de aula – Caderno II:* ensino do vocabulário: fundamentos e atividades. Fortaleza: Universidade Federal do Ceará/Departamento de Letras Vernáculas, 1996.

SCHNEIDER, Cristina. *Tentativa de classificação dos vocábulos segundo um critério morfológico.* Rio de Janeiro: PUC-RJ, 1977. Cópia de inédito.

SOARES, Magda. Alfabetização e letramento: caminhos e descaminhos. Revista *Pátio* n. 29 fev/abr 2004. Disponível em: <http://pt.scribd.com /doc/18892732/Artigo-Alfabetizacao-e-Letramento-Magda-Soares1>. Acesso em: 4 mar. 2013.

_____. *Alfabetização e letramento.* 5. ed. São Paulo: Contexto, 2008.

TRAVAGLIA, Luiz Carlos (1981). *O aspecto verbal no português:* a categoria e sua expressão. 4. ed. Uberlândia: Editora da Universidade Federal de Uberlândia, 2006.

_____. (1996). *Gramática e interação – Uma proposta para o ensino de gramática no 1º e 2º graus.* 13. ed. São Paulo: Cortez, 2009.

_____. (2003). *Gramática:* ensino plural. 5. ed. rev. São Paulo: Cortez, 2011.

_____. Gramática no nível textual e ensino: organização tópica, leitura e produção de textos. In: CABRAL, Ana Lúcia Tinoco e SANTOS, Sônia Sueli Berti (Orgs.). *Discursos em diálogo:* leitura, escrita e gramática. São Paulo: Terracota, 2011b. p. 67-95. Disponível em: <www.ileel.ufu.br/travaglia>.

_____; ARAÚJO, Maria Helena Santos; PINTO, Maria Teonila de Faria Alvim (1984). *Metodologia e prática de ensino da Língua Portuguesa.* Porto Alegre: Mercado Aberto, 2007 (4. ed. rev. Uberlândia: Edufu, 2007).

Livros de Literatura Infantil

BELINKY, Tatiana. *ABC e numerais – Pra brincar é bom demais.* Ilustrações: Dulce Osinski. São Paulo: Cortez, 2010.

GÓIS, Malu; NALI, Pedro. *Linha animada.* Ilustrações: Andréa Vilela. São Paulo: Cortez, 2006.

PIEDADE, Amir. *O aniversário do Seu Alfabeto.* Ilustrações: Luiz Gesini. São Paulo: Cortez, 2010.

PRADO, Zuleika de Almeida. *Conversa molhada.* Ilustrações: Tati Móes. São Paulo: Cortez, 2008.

Anexos

Os textos utilizados nos exercícios dos capítulos 2, 3 e 4 estão apresentados aqui com as respectivas referências bibliográficas de livros, revistas, jornais, *sites* etc. de onde foram retirados.

▶ Texto 1 – Texto humorístico

ABREU, José Pedro. (setembro de 1995) Minha irmã Inês... In: *Risopédia*; *Seleções Reader's Digest* – Edição especial comemorativa do 70º aniversário, nov. 2012, p. 110.

Minha irmã Inês
José Pedro Abreu

Minha irmã Inês, que na época tinha uns 3 anos, e eu esperávamos à porta de um centro comercial que minha mãe voltasse das compras. Como estávamos com fome, decidimos ir comprar um cachorro-quente num carrinho que se encontrava ali.

O vendedor, referindo-se aos molhos, perguntou se queríamos de tomate ou mostarda, ao que eu respondi que, para mim, queria um cachorro-quente com tomate e, para ela, um sem nada.

Imediatamente, senti que ela me puxava pela manga. Olhei para baixo com ar inquiridor, e ela reclamou:

— Sem nada não, com salsicha!

▶ Texto 2 – Crônica

ARAGÃO, José Carlos. A alegria. In: *É tudo lenda...* Ilustrações: Flávio Fargas. Belo Horizonte: Dimensão, 2007. p. 8-11.

A alegria
José Carlos Aragão

Houve um tempo em que todo mundo era muito triste. As pessoas viviam cabisbaixas, não se olhavam nos olhos (a não ser quando estavam com raiva e querendo brigar), vestiam roupas cinzentas, usavam óculos escuros, estavam sempre apressadas e mal se falavam.

As cidades onde as pessoas viviam também eram muito lúgubres, que é uma palavra que significa a mesma coisa que triste. Os prédios eram cinzentos, como as casas, as lojas, os carros – e as roupas das pessoas.

O céu também era um tanto soturno (outra palavra que significa triste) e vivia cheio de nuvens cinzentas, armando tempestade. Sol, lua cheia, noite estrelada – essas coisas – não havia.

Nem os bichos escapavam de tanta tristeza. O gato tinha um olhar melancólico (que é o mesmo que triste). O cachorro era meio macambúzio (que também é mesmo que triste). O papagaio, de tão sorumbático (que também é outras dessas palavras tristes que significam triste), nem conseguia falar. O galo, com um jeito soturno (triste) que só ele, nunca cantava ao amanhecer.

Em resumo, tudo era mesmo muito triste.

Até que os palhaços do mundo todo se reuniram e decidiram que era hora de acabar com tanta tristeza.

Primeiro, juntaram montanhas de lápis de cor, tinta guache e giz de cera e saíram pelo mundo colorindo casa, prédios, lojas e pessoas. As crianças logo perceberam que o mundo, colorido, era mais bonito e isso as deixava muito felizes.

Os palhaços começaram então a jogar tortas nas caras das pessoas e, com isso, arrancavam muitas risadas. Os adultos, diante de tanta palhaçada e vendo as crianças tão felizes, começaram a sorrir – coisa que, até então, ninguém sabia fazer.

O mundo todo foi ficando mais feliz e não demorou muito e o papagaio aprendeu a falar, o galo cantou quando o sol estava para nascer, o gato e o cachorro foram brincar no quintal.

Foi assim que nasceu a Alegria. E, para mantê-la sempre viva, os palhaços nunca morrem: até hoje, viajam com os circos, de cidade em cidade, levando a Alegria.

▶ Texto 3 – Conto infantil

BRUM, Denis Winston. As férias das fadas. In: *Ciência Hoje das Crianças*. Revista de divulgação científica para crianças, ano 25, n. 236, julho de 2012. p. 11.

As férias das fadas
Denis Winston Brum

Cinderela digita os números apressada em seu celular. A chamada alcança uma praia ensolarada, onde três fadas descansam à beira-mar. Fada madrinha atende.

— Alô, madrinha? – pergunta ansiosa Cinderela.

— Oi, Cinderela! Como vai?

— Estou com problemas, madrinha!

— O que houve, querida! Os móveis novos do palácio não chegaram?

— Não! É coisa séria! A Branca de Neve está em apuros.

— Ah! Mas nós avisamos àquela menina pra cortar a maçã da dieta.

— Ela cortou! Mas, dessa vez, a rainha usou um disfarce de demonstradora e deu uma barrinha de cereal pra ela provar no supermercado. A Branca está apagada até agora.

— Qual o sabor?

— Maçã!

— Ah! Eu sabia! Tinha maçã no meio!

— Vem me ajudar, madrinha!

— Nem pensar! Estamos planejando essas férias há séculos... de verdade!

— E a Branca?

— Peça ajuda aos anões!

— Não dá, madrinha. Os anões aderiram à greve do Sindicato dos Mineiros.

— Bom então tente algum príncipe...

— Todos os príncipes estão participando do *reality show* "O Rei Encantado". Vão passar um mês trancados num castelo, pra ver quem se torna rei.

— Ai, menina! Sinto muito! Vamos deixar a Branca aproveitar essa soneca mais um pouquinho então. Sabe-se lá em que milênio teremos outras férias. Até março é só praia, caminhadas, água mineral sem gás... e bailes com uns elfos bem bonitinhos. Hi! Hi! Hi! Quero entrar em forma. Chega de sermos desenhadas como titias rechonchudas, naqueles livrinhos onde você está sempre linda e maravilhosa.

— Ah! Só um voo rapidinho. Por favor...

— Por pura coincidência, estou hidratando minhas asas no momento. Até março, Cinderela! Confio em você pra resolver essa confusão. Boa sorte!

— Alô! Alô!

Cinderela liga outra vez. Ouve uma mensagem: "Esta é a caixa postal da Fada Madrinha. Não posso atender agora. Após ouvir *abracadabra*, deixe seu recado que ficarei encantada em retornar a ligação." Ela fecha o celular, vermelha de brava.

Denis Winston Brum nasceu em Porto Alegre, no Rio Grande do Sul. É especialista em redação publicitária e autor de contos, novelas e histórias bem-humoradas como este trecho, retirado do livro *As férias das fadas*, publicado por Edições Dubolsinho.

▸ Texto 4 – Conto infantil (fragmento)

COSTA, Silvana. *Amigos pra cachorro*. Ilustrações: Guto Lins. Belo Horizonte: Dimensão, 2005. p. 5-8.

Amigos pra cachorro

Silvana Costa

Nunca pensei que mudar fosse essa loucura. Tudo encaixotado. Menos eu. (Por enquanto!) Quer saber? Meu coração está partido.

Estou feliz porque finalmente vou ter um quarto só pra mim. E meu irmão, um só pra ele. Nem acredito! Ele é um amor, mas precisa de espaço para suas bugigangas, que são muitas. E eu, para os meus segredinhos, também muitos.

O problema é o Hermes.

No dia em que papai fechou negócio, ele chegou avisando que tinha duas notícias: (T4) "a boa: vamos nos mudar para um apartamento de cobertura, lindo, com espaço para festas de aniversário, natal, ano novo e mais as que vocês inventarem. A ruim: cachorro no prédio, nem pensar. Sinto muito."

E no nosso apartamento, num cantinho da cobertura? Pensei em perguntar para disfarçar o choro, só que não deu tempo...

No dia da mudança, levantei bem cedo para dar o último passeio com o Hermes. Um amigo de meu pai, o Breno, se ofereceu para cuidar dele por um tempo.

Chegamos à casa do Breno e eu não disse palavra. Tudo estava combinado. Quando respondessem o anúncio que coloquei no jornal, buscaria meu amigo. Voltei correndo para ver se deixava a tristeza pra trás.

Fiz questão de escrever o texto do anúncio.

025 2599 | decorativos e enfeites. Selma. 2457 6875 | Pastor. Misturado co

CÃES & GATOS

notes de gato e pequenos / udáveis e vacinados para / leão de estimação. / Sr. Leão. Tel: 2225 2222.

humorado. Ótimo / Verdadeira fera. Sérgi

LABRADOR

Quero doar um labrador, o Hermes, para uma pessoa que goste muito, mas muito mesmo de cães. Ele é jovem, inteligente, dócil, obediente e amigo. E por ser ativo demais da conta, não se dá bem em apartamentos (provando o quanto é inteligente). Meu e-mail para contato é mel@dog.com.br. Só depois de uma entrevista virtual, terei coragem de escolher um novo lar para o meu querido amigo.

criação de rãs-touro de / lidade. Peso e medida / ntes. alimento nutritivo e / linda. Tel: 5377 3824

nhos da índia e Hamsters / xperiências científicas. / em. Tel.: 9999 1234

Vendo pulgas ames / Conjunto de 20 p / europa e com expe / Cachorro incluído / Orlando. Tel: 3321 3

Vendo filhotes de g / 3 fêmeas e 1 macho / Vacinados .Bebel.

Labrador Retriever treinado. Macho. Ótimo

Procuro gato ang / cruzamento.Pedia

E assim foi publicado, sob protestos da família. Aquele texto não se parecia com um anúncio, até eu achava. Mas ninguém ousou cortar uma vírgula.

Depois de uma semana, já estávamos confortavelmente instalados no apartamento. Apenas a saudade do Hermes me entristecia ainda. E a primeira resposta chegou: [...]

▶ **Texto 5 – Teste**

CRISTIANINI, Maria Carolina. *Você sabe tudo sobre os animais? Faça o teste e descubra!* Disponível em: <www.recreio.com.br/licao-de-casa/voce-sabe-tudo-sobre-os-animais>. Acesso em: 16 ago. 2012.

Você sabe tudo sobre os animais? Faça o teste e descubra!

Marque verdadeiro ou falso para os fatos incríveis sobre os animais a seguir e aprenda mais sobre eles!

Texto: Maria Carolina Cristianini | Fotos: SXC.hu

Será que o leão é o maior felino do mundo? E é verdade que existe um hipopótamo do tamanho de um porco? Faça o teste a seguir e descubra o que você sabe sobre os animais!

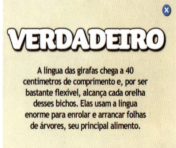

1. A girafa alcança as próprias orelhas com a língua

VERDADEIRO

A língua das girafas chega a 40 centímetros de comprimento e, por ser bastante flexível, alcança cada orelha desses bichos. Elas usam a língua enorme para enrolar e arrancar folhas de árvores, seu principal alimento.

ANEXOS | **303**

2 Os jacarés não enxergam nada no escuro.

VERDADEIRO   FALSO

FALSO

Os olhos dos jacarés absorvem o máximo de luz do ambiente, por isso esses animais enxergam muito bem também no escuro. Além disso, seus olhos possuem uma membrana especial que permite ficarem abertos até embaixo da água.

3 A harpia é da família das águias e consegue voar mesmo carregando uma presa de 10 quilos.

VERDADEIRO   FALSO

VERDADEIRO

As harpias vivem em florestas no Brasil, na Argentina, na Colômbia, na Venezuela e na América Central e são fortes caçadoras. Mergulham no ar para capturar uma presa, sem interromper o voo, e a levam para o alto de montanhas, onde almoçam sossegadas.

4 O único mamífero que anda sobre duas pernas é o homem.

VERDADEIRO   FALSO

FALSO

Os cangurus se locomovem sobre as duas patas traseiras. Eles usam a cauda como ponto de apoio, mas não precisam das patas da frente para andar. Já os gorilas ficam parados sobre duas patas, mas se deslocam com a ajuda dos braços.

5 As tartarugas existem há 200 milhões de anos e viveram junto com os dinos.

VERDADEIRO | FALSO

VERDADEIRO

Os cientistas acreditam que essa espécie resistiu tanto graças ao casco duro, que garante proteção a seu corpo. Ele é feito de uma camada de osso e outra de um tecido parecido com as unhas dos humanos, só que muito mais resistente.

6 Os golfinhos são mamíferos aquáticos que evoluíram de animais terrestres.

VERDADEIRO | FALSO

VERDADEIRO

Os cientistas acreditam que os golfinhos evoluíram de animais terrestres que se adaptaram à vida na água. Um dos indícios disso são os ossos das nadadeiras, semelhantes a mãos com dedos, como ocorre com mamíferos terrestres.

7 A tromba do elefante tem prolongamentos capazes de pegar pequenos objetos.

VERDADEIRO | FALSO

VERDADEIRO

A tromba serve para o elefante respirar, pegar água, emitir sons, farejar, empurrar ou pegar coisas e também para acariciar. Os prolongamentos da ponta são como dedos e permitem que o animal segure até pequenos frutos.

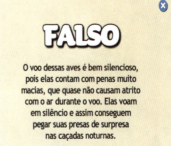

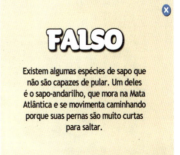

No *site*, a criança pode fazer o teste, o que é uma atividade interessante para o letramento digital.

▶ **Texto 6 – Texto publicitário**

Dengue Flyer. *Campanha de Combate à Dengue 2012/2013*. Ministério da Saúde 2012. Disponível em: <portal.saude.gov.br/saude/campanha/Flyer_15x21.jpg>. Acesso em: 14 dez. 2012.

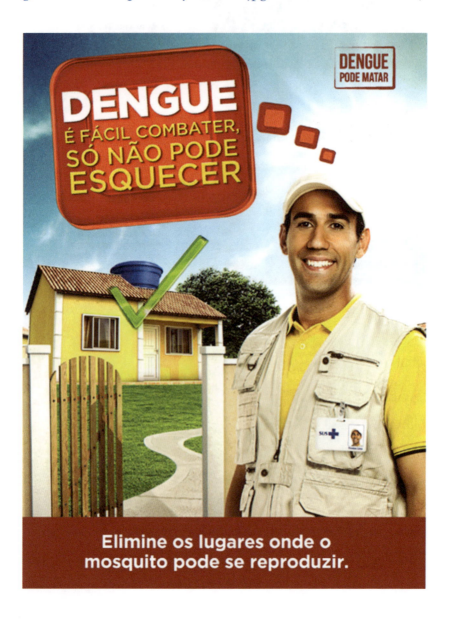

Encontre todos os lugares que podem acumular água.
Porque, senão, é a dengue que pode encontrar você.

É hora de o Brasil, mais uma vez, se proteger da dengue. O combate tem que continuar. E para que essa doença pare de fazer tantas vítimas, a sua cooperação é fundamental. Por que não juntar um grupo de familiares, amigos e vizinhos e preparar a sua casa e a sua vizinhança para o período em que a dengue mais aparece? Só assim evitaremos que os criadouros do mosquito apareçam.

Dengue pode matar. Mas evitar não é difícil.
Veja algumas dicas

- Cuide da sua casa e da sua rua. Junte um grupo de amigos, vizinhos, colegas de trabalho, membros da sua igreja, familiares e comece, aí mesmo, onde você mora, a combater a dengue.
- Organize mutirões e desenvolva ações de mobilização na sua comunidade.
- Converse com todos no bairro, mas principalmente com aqueles vizinhos que possuem casas com jardins com muitas plantas, calhas para escoar a água da chuva, reservatórios de água, quintais com entulho, enfim, locais que acumulem água. Se você perceber grande quantidade de focos do mosquito, informe aos órgãos responsáveis do seu município.
- Procure os agentes de saúde para trocar ideias e participar de todas as ações de combate.

www.facebook.com/combataadengue   Melhorar sua vida, nosso compromisso.

▶ Texto 7 – Fábula

MARQUES, Francisco. O pulo. In: *Floresta da Brejaúva*. Belo Horizonte: Dimensão, 1995. p. 37.

O pulo
Francisco Marques

A Onça encontrou com o Gato e pediu:

– Amigo Gato, você me ensina a pular?

O Gato ficou muito desconfiado, mas concordou (T7).

Nas últimas aulas, a Onça pulava com rapidez e agilidade – parecia um gato gigante.

– Você é um professor maravilhoso, amigo Gato! – dizia a Onça, agradando.

Uma tarde, depois da aula, foram beber água no riacho. E a Onça fez uma aposta:

– Vamos ver quem pula naquela pedra?

– Vamos lá!

– Então, você pula primeiro – ordenou a Onça.

O Gato – zuuum – pulou em cima da pedra. E a Onça – procotó – deu um pulo traiçoeiro em cima do Gato.

Mas o Gato pulou de lado e escapuliu tão rápido como a ventania.

A onça ficou vermelha de raiva:

– É assim? Esta parte você não ensinou pra mim!

E o Gato respondeu cantando:

– O pulo de lado é o segredo do Gato! (T7)

▶ Texto 8 – Poema

PARREIRAS, Ninfa. A chegada da noite. In: *Coisas que chegam, coisas que partem*. Ilustrações: Cláudia Ramos. São Paulo: Cortez, 2008. p. 17.

A chegada da noite

Ninfa Parreiras

Velas acesas no céu.
Uma, duas, três luzes.
Surge um céu feito de renda.
Com o véu das estrelas em fenda.
A peça de todas as noites!
Elenco de hoje:
Nuvens ralas, lua nova.
O vento sopra de leve.
O espetáculo é de graça, às nove!

▶ **Texto 9 – Conto infantil**

ROGÉRIO, Cris. Quando se distraía. In: *Carmela Caramelo*. Ilustrações: André Neves. São Paulo: Cortez, 2012. p. 8-11.

Carmela caramelo
Cris Rogério

ANEXOS | **311**

Quando se distraía

Na rua, Carmela sempre chamava atenção. Vestida de um belo sorriso e enfeitada com uma flor, ia cumprimentando um por um.

Às vezes se distraía e... pronto!: um tropeção bem no meio da calçada a fazia se desequilibrar toda.

Era um O O O O O O O O O O O O
o o o o o o i i i i i i i m m m o
o o o o o o i i i i m m m o o o
o o i i i i i i i i i m m m m o o
o o i i i m m m m m m m o o
o o o i i i i i i i i i i i m m m o
o o o i i i i i i i i i i m m e Carmela
endireitava o corpo, olhava para o povo à sua volta
e soltava uma gargalhada tão forte, que mexia
tudo, dos pés até a cabeça, num balança-balança
que era uma delícia de ver.

Dificilment

▶ Texto 10 – Bate-papo em rede social

10.1) Frases de um adolescente (16 anos) para amigos no MSN

▶ a) Sergim vem lanxá la em ksa oj. Vai T pão de qj. Convidei Tb a galera do futebol. Axo q vai sê legal.

b) Serginho vem lanchar aqui em casa hoje. Vai ter pão de queijo. Convidei também a galera do futebol. Acho que vai ser legal.

▶ a) E AI FII BLZ ? OU DPS VEM AKI EM CASA DPS, JOGA UM PS3, CUMER UMA PIZZA . FLW ABRAÇS

b) E aí, filho, beleza? Ou! (interjeição de chamamento) depois vem aqui em casa depois, jogar um PS3, comer uma pizza. Falou? Abraços.

▶ a) E AI MAN , OU VO FAZE UM CHURRAS AKI EM CS AS 6 HORAS, DPS COLA AKI.

b) E aí, mano? Ou! (interjeição de chamamento) vou fazer um churrasco aqui em casa às 6 horas, depois vem aqui.

10.2) Conversas no facebook

• Conversa 1 (Entre um menino e uma menina ambos com 9 anos)

▶ **11 de dezembro de 2012.**

12:02 **Regina** Oi

12:04 **Junior** oi

12:06 **Regina** vc tem o cel da jenyfer?

12:06 **Junior** sim

12:06 **Regina** me passa?

12:07 **Junior** da casa

12:08 **Regina** ela tem o de lá?

12:08 **Junior** não

12:08 **Regina** me paasa da cs

12:09 **Junior** que e cs

12:09 **Regina**

> da cs
>
> casa
>
> me passa?
>
> o numero

12:12 **Junior** XXXXXXXX

> erado
>
> espera

12:13 **Regina** XXXXXXXX serto

12:14 **Regina** obrigado junim

12:15 **Junior** ta

• **Conversa 2 (Entre dois irmãos: ela com 15 anos e ele com 09)**

▸ **01 de dezembro de 2012**

14:48 **Sofia** vamu na padaria cmg, vc e o cesar

14:48 **Junior** não

14:49 **Sofia** vo compra pamonha so pra mim e pra minha mae entao tshau

14:49 **Junior** tá

▸ **28 de dezembro de 2012**

10:24 **Sofia** o q minha mae q

10:24 **Junior** minha mãe ta te chamando si não vai te castigo de uma semana ta ela falo que vc esta de castogo de computador
10:25 **Junior** ou como que jama o saite que vove fes aqueli video
10:27 **Sofia** peri
10:27 **Junior** peri
10:29 **Sofia** http://pinpix.com.br
10:32 **Junior** achar o w minusculo e depois olhe debaixo do seu pé vc vai achar uma nota de 100,00R$ se vc escrever em 5 comentarios
WWWWWWWWWWWWWWWWWWWWWWWWWW
WWWWWWWWWWWWWWWWWWWWWWWWWW
WWWWWWWWWWWWWWWWWWWWWWWWWW
WWWWWWWWWWWWWWWWWWWWWWWWWW
WWWWWWWWWWWWWWWWWWWWWWWWWW
WWWWWWWWWwWWWWWWWWWWWWWWWW
WWWWWWWWWWWWWWWWWWWWWWWWWW
WWWWWWWWWWWWWWWWWWWWWWWWWW
WWWWWWWWW
10:35 **Sofia** sonha kkkk

▸ **21 de janeiro de 2013**

14:24 **Sofia** ooooooooooooooooooooooooou
14:24 **Junior** q
14:25 **Sofia** cd minha mae? já chego?
14:26 **Junior**
nao
ou minha mãe ta chata hoje ne???
14:29 **Sofia** nao
14:30 **Junior** ta sim pode falar

▶ Texto 11 – Carta

TRAVAGLIA, Neuza Gonçalves. *Festa de aniversário*. Uberlândia: Cópia de inédito, 2013.

Festa de aniversário
Neuza Gonçalves

Oi, Pam,

Tá gostando de morar aí em Santa Rita? Já deu pra sentir saudade de nós?

A gente aqui sempre lembra de você e das brincadeiras da turma.

Hoje vou te contar como foi a festa de 09 anos da Robertinha.

Menina, foi manero demais, superdiferente. Pena que cê não tava aqui pra curtir também. Não foi daquelas festas que a gente costuma ir, não. Foi na pracinha em frente a casa dela. Antes a mãe e o pai dela arrumaram tudo: enfeitaram a pracinha com bexigas, fitas, e uns negócios enroladinhos que pareciam uma chuva colorida. A Dona Sandra, sabe?, a mãe da Robertinha, pôs uma mesa eeenoooorme no meio da praça com um montão de coisas gostosas: refrigerante, suco, doce, pão de queijo, balas, bombons, bolo e umas forminhas bonitinhas com um creme dentro cheinho de bolinhas coloridas. Ai, meu Deus! Minha mãe fala que tô gordinha, mas me entupi daquele creminho. Só um dia, quê que tem, né?

Uma coisa eu achei legal. A Robertinha espalhou pra galera da rua que não queria ganhar muito brinquedo não. Acredita que no ano passado ela ganhou dez bonecas?! Ela disse que encheu de tanta boneca. Queria ganhar só uns três brinquedos, uma mochila bem bonita e algumas roupas. Aí ela teve uma ideia gênio. Pediu coisas pra dar lá no Lar Primavera. Sabe aquela casa que tem umas meninas pobrezinhas e umas até quase ceguinhas? Chiii! A professora disse que é feio falar assim, que a gente tem que falar "deficiente visual". Então a turma topou. Deram tanto brinquedo, roupa, sapato, e até maquiagem! As meninas do Lar vão curtir de montão.

Sabe, a tia da Robertinha, aquela bonitona que gosta de usar uns tamancos de saltão? Ela deu o bolo: grandão, com o desenho do castelo do príncipe e cê não sabe da melhor: de coco! Adoro bolo de coco!

Foi todo mundo na festa. Um mundo de gente: a turma da escola, os amigos da rua e até aquele menino chatinho, sabe o Sergim? Só o Pedro é que prometeu ir e não foi, deu o bolo na Robertinha. Logo ele, que a Robertinha acha o mais bonito. A Laís, aquela isibidinha, é que gostou e disse "bem feito!".

Olha, em setembro vai ser o meu aniversário. Já tô te convidano. Vou querer uma festa diferente também e já falei pra minha mãe. Não quero festa muito de pirralha, não. Já vou fazer 10 anos! Sabe, vou ver se bolo uma coisa bem legal pra ajudar igual a Robertinha fez. Ó, pensa numa coisa diferente e me fala. Mas é segredo, viu, pra ser surpresa.

Me escreve também. MSN é legal, mas eu gosto de guardar as cartas com os desenhos e a letra dos amigos.

Um beijão pra você e pra Ju.

Ana Luisa.

▸ Texto 12 – Poema

SAVARY, Flávia. Lua cheia. In: *Vinte cantos de sereia*. Belo Horizonte: Dimensão, 2006. p. 24.

LUA CHEIA

Flávia Savary

A lua cheia –
moeda de prata,
roda primeira,
lanterna da madrugada.
Finge que some e não some,
olho de dragão insone.
Satélite em mulher mudada.
Vem pra rua...
esquece que está nua.
Que fazer? É de lua!

▶ **Texto 13 – Reportagem**

SCHNEIDER, Grazielle; CRISTINO, Luiz Gustavo. Os penetras. In: *Folhinha* – Dicas e reportagens. São Paulo, 08/05/2010. Disponível em: <www1.folha.uol.com.br/folhinha/dicas/di08051006.htm>. Acesso em 03 dez. 2010. (Fragmento)

São Paulo, sábado, 8 de maio de 2010

Bichos

Os penetras

De carona em navios ou aviões, os bichos invasores viajam de um país a outro e causam a maior confusão por onde chegam.

GRAZIELLE SCHNEIDER
LUIZ GUSTAVO CRISTINO
COLABORAÇÃO PARA A FOLHA

Você provavelmente já ouviu a história do sapinho que pegou carona no violão do urubu e entrou sem ser convidado numa festa do céu. Atrevido, não? Mas os cientistas dão outro nome a isso: o sapo é um bicho invasor. Sílvia Ziller e Marcia Chame estudam os bichos invasores e contam que são animais levados da região em que estavam para uma em que nunca estiveram. Eles vêm trazidos por viajantes, ou como bicho de estimação, ou para servir de alimento.

Há também os que chegam por acaso, pegando carona em navios. Isso aconteceu, principalmente, nos séculos 15 e 16, época em que os europeus colonizaram o Brasil.

Os bichos ficam à vontade na sua nova casa e, como não encontram animais que se alimentem deles, se espalham rapidamente.

Visitantes indesejados

Os invasores podem criar problemas, pois competem por alimento e território com as espécies nativas. E ainda podem afetar nossa saúde. Um exemplo é o mosquito *Aedes aegypti,* transmissor da dengue e da febre amarela.

Trazido da África para o Brasil em navios, adaptou-se muito bem às nossas cidades.

Qualquer recipiente com água parada é perfeito para ele se reproduzir. Se carregar o vírus da dengue, sua picada poderá transmitir a doença e até matar.

Mas o que fazer para evitar essa invasão? Sílvia Ziller aconselha que você nunca traga animais quando voltar de uma viagem. Por mais fofinhos que eles sejam, têm seu próprio *habitat.* Tirá-los de lá traz problemas para o ambiente e para os bichos.

VOCÊ SABIA...

... que os animais brasileiros também podem ser considerados invasores em outros lugares? O sapo-cururu, ou sapo-boi, é um bicho brasileiro que foi levado para a Austrália para comer insetos nas plantações. Ele se multiplicou e virou uma praga por lá, já que não é devorado pelos animais do local. Por ser venenoso e estar em grande quantidade, causa problemas à população.

Tartaruga-tigre-d'água
Nome científico: *Trachemys scripta elegans*
Habitat: aquático
Com suas manchinhas vermelhas, essa tartaruga, da América do Norte, foi levada a muitos locais do Brasil para ser criada como bicho de estimação. O problema é que, quando ela cresce e passa a não caber mais no aquário, é abandonada pelos donos. Representa perigo porque compete por alimento e espaço com outras tartarugas e peixes.

Ratazana
Nome científico: *Rattus norvegicus*
Habitat: terrestre
Esse bichinho tão pequeno, mas que faz sua mãe subir na cadeira, é natural do Japão, da China e do leste asiático. Chegou ao Brasil dentro de navios na época das grandes navegações, nos séculos 15 e 16. Como eles são agressivos, acabaram expulsando os ratos brasileiros para fora das cidades. Podem transmitir doenças graves, como a leptospirose.

Pombo

Nome científico: *Columba livia*
Habitat: aéreo
Quando os europeus começaram a povoar o Brasil, trouxeram os pombos para que o nosso país ficasse parecido com a terra deles, onde esses animais são comuns. Adaptando-se facilmente às cidades, os pombos fazem a maior sujeira e podem transmitir doenças como a histoplasmose, causada por um fungo que ataca os pulmões.

Lagartixa

Nome científico: *Hemidactylus mabouia*
Habitat: terrestre
A lagartixa também não é um animal brasileiro. Ela veio da África em navios, não se sabe exatamente quando. Os cientistas ainda não detectaram algum problema que ela possa causar ao nosso ambiente. Pelo contrário, ela come insetos que podem transmitir doenças.

Abelha-africana

Nome científico: *Apis mellifera scutellata*
Habitat: terrestre
Quando um enxame de abelhas-africanas ataca uma pessoa ou um animal, pode até matar. Os europeus trouxeram esses insetos para cá, em 1840, porque produzem uma grande quantidade de mel. Mas eles fugiram dos criadores e hoje são comuns no Brasil. São maiores, mais agressivos e voam mais longe do que as abelhas naturais daqui.

Peixe-beta

Nome científico: *Betta splendens*
Habitat: aquático
Apesar de belo, esse peixinho é um dos mais invocados. Adora uma briga com os outros peixes e luta até a morte. Por isso está sempre sozinho no aquário. Foi trazido da Ásia para ser vendido aqui como bicho de estimação. Se for solto nos rios, será um grande perigo para os peixes brasileiros. Imagina se resolve atacar um deles?

Caramujo-gigante-africano

Nome científico: *Achatina fulica*
Habitat: terrestre

Você já imaginou comer um bicho gosmento como um caramujo? Pois ele foi trazido para cá na década de 80 para ser servido em restaurantes chiques. Depois de solto no ambiente, virou uma praga espalhada por todo o Brasil, porque se reproduz muito rápido e ataca plantações (além de devorar a comida de outros animais).

Mico
Nome científico: *Callithrix jacchus*
Habitat: terrestre
Quem nunca quis ter um mico de estimação? Mas um simples arranhão seu pode nos transmitir a raiva, uma doença que pode matar. Mesmo sendo brasileiro, virou um problema no Sul e no Sudeste, para onde foi trazido ilegalmente no século 20.

Teiú
Nome científico: *Tupinambis merianae*
Habitat: terrestre
Na década de 50, militares levaram dois casais de teiús para devorar os ratinhos de Fernando de Noronha (PE). Mal sabiam eles que o lagarto gosta de dormir à noite, horário em que os ratos fazem a festa. O teiú é um bicho comum em todo o Brasil, mas ele não existia naquela ilha. Hoje ele causa problemas, porque come ovos de aves e tartarugas.

Búfalo
Nome científico: *Bubalus bubalis*
Habitat: terrestre
O espertalhão foge de sua área de criação e caminha por áreas alagadas, destruindo o lar de outros animais. Foi trazido da Ásia para o Brasil no século 19 para a produção de carne, leite e queijo.

www1.folha.uol.com.br/folhinha/dicas/di08051006.htm
Acesso em: 03/12/2012.

Copyright Folha Online. Todos os direitos reservados. É proibida a reprodução do conteúdo desta página em qualquer meio de comunicação, eletrônico ou impresso, sem autorização escrita da Folha Online.

▶ Texto 14 – Receita de cozinha enviada em um e-mail[47]

SOUZA, Angela Leite de; ALBERGARIA, Lino de. *sinos_e_queijos.com*. Belo Horizonte: Dimensão, 2010. p. 13-14.

Pão de queijo à moda de Odília

Ângela Leite Souza e Lino de Albergaria

De: Stef

Para: Inácio

Como me pediu, estou mandando a receita de pão de queijo mais usada na nossa família, há muitas gerações, segundo mamãe. Fale com a sua que a tal medida de "prato fundo" é o seguinte: deve-se encher somente a parte funda do prato, a que vai até onde começa a borda dele.

PÃO DE QUEIJO À MODA DE ODÍLIA

Ingredientes:

1 kg de polvilho doce

1 prato fundo de água

1 " " de banha

1 " " de queijo meia-cura ralado

1 " " de leite frio

1 colher de sopa de sal (T14)

6 a 7 ovos

---

47 - Na receita, as aspas abaixo de "prato fundo" indicam que a medida de banha, queijo e leite é a mesma da de água: 1 prato fundo.

Modo de fazer:

Leve a água mais a banha e o sal a ferver. Com a mistura escalde o polvilho numa tigela grande, onde vai ser feita a massa. Misture bem para desmanchar os grumos todos. Acrescente o queijo e continue amassando. Ponha então os ovos, um a um, e o leite, aos poucos também, mas sempre continuando a amassar. Agora, sove bem a massa, pois sovar bastante é o segredo para dar certo. Unte as mãos e o tabuleiro. Faça as bolas e asse os pães de queijo em forno médio até ficarem bem corados.

Café adoçado com um torrão de rapadura é o melhor acompanhamento.

▶ Texto 15 – Texto expositivo/Crônica

XAVIER, Marcelo. *Festas* – O folclore do mestre André. In: *Ciência Hoje das Crianças.* Revista de divulgação científica para crianças, ano 25, n. 237, agosto de 2012, p. 10 e 11.

Festas
O folclore do Mestre André

Marcelo Xavier

Foi na loja do Mestre André
Que eu comprei uma sanfona.
Fon, fon, fon, uma sanfona,

Dão, dão, dão, um violão,
Tum, tum, tum, um tamborzinho,
Plim, plim, plim, um pianinho,
Tá, tá, tá, uma cornetinha,
Ai-olé, ai-olé, foi na loja do Mestre André.

(Cantiga do folclore brasileiro – trecho)

Todo janeiro, a fazenda dos meus avós, no interior de Minas, ficava estufada de primos e tios. Nada de compromissos, nada de horários. Férias! Você conhece bem o sabor dessa palavra, não é mesmo? Os dias começavam com uma bela mesa de café, e depois era só brincar, brincar e brincar. À noite, eram as rodinhas aconchegantes em volta de um tio – e tome histórias de assombração. Assim, era dia após dia, sempre deliciosamente iguais.

Numa certa tarde, de Sol muito quente, brincávamos de jogar pião no terreiro quando, de repente, uma batida forte de tambores veio vindo da estrada de terra que chegava na fazenda. Interrompemos imediatamente a brincadeira, levantamos as orelhas e espichamos os olhos na direção daquele som estranho. Na curva da estrada surgiu, então, uma figura mascarada vestindo uma roupa larga e estampada, cheia de fitas coloridas. A coisa rodopiava e dava saltos, sacudindo uns chocalhos amarrados na cintura, nos pulsos e nas canelas. Para mim, aquilo era o demônio que vinha cobrar nossos pecados. Eu tremia dos pés à cabeça.

A dança agitada daquela figura levantava uma poeira amarela que a luz do Sol transformava em efeito especial. No meio da poeira, logo atrás do mascarado, vinham os músicos tocando viola, violões, tambores e pandeiros. Acima de tudo uma bandeira vermelha presa a um mastro fazia aquela nuvem de poeira e gente parecer um barco maluco se arrastando pela estrada.

Chegaram até junto da sede da fazenda, tocaram, cantaram com uma voz aguda feito ponta de agulha, tomaram café com queijo, broa de fubá, biscoitos e se foram. Meu coração não parou de pular um minuto.

Um tio me disse que aquilo era folclore.

Passei anos com medo do folclore.

Muito tempo depois, soube que havia assistido, naquelas férias, à passagem de uma autêntica Folia de Reis, uma das mais belas manifestações do folclore brasileiro (...)

Acho importante você saber que o folclore não é apenas uma coisa do passado, da tradição. Ele é vivo e está presente no seu dia, muito mais do que você imagina. Está na sua moeda da sorte, nos apelidos da sua turma de colégio, nas gírias, nas suas superstições, em algumas coisas que você come, em gestos, jogos, brincadeiras ou festas que você frequenta. Por isso é tão importante conhecer o folclore. Ele está ligado à nossa vida de um jeito muito forte (...)

Portanto, se você encontrar no lugar onde trabalha, uma caixa, não abra. Podem pular lá de dentro o Saci, o Curupira, capetinhas e outras figuras muito estranhas que vão aprontar com você. Ou foliões e festeiros das nossas festas tão populares...

Marcelo Xavier nasceu em Ipanema, Minas Gerais. Fez publicidade e aprendeu artes plásticas sozinho. Hoje, tem um ateliê, onde fez figurinos e adereços para espetáculos de teatro. Lá ele também cria e fotografa personagens e objetos de massa de modelar para ilustrar seus livros (alguns até premiados). Na sua obra *Festas, o folclore do Mestre André* de onde retiramos este texto, Marcelo Xavier passeia por várias manifestações do folclore brasileiro, comemorado no dia 22 de agosto.

Foto: Bernardo Morais

Luiz Carlos Travaglia

Fez seus estudos superiores na Universidade Federal de Uberlândia (UFU), Minas Gerais, onde cursou Licenciatura Plena em Letras: Português-Inglês. Hoje é professor de Linguística e Língua Portuguesa e pesquisador do Instituto de Letras e Linguística da mesma Universidade. Foi professor de Ensino Fundamental e Médio por quase duas décadas. Mestre em Letras (Língua Portuguesa) pela Pontifícia Universidade Católica do Rio de Janeiro (PUC-RJ), doutor em Linguística pela Universidade Estadual de Campinas (Unicamp), com Pós-Doutorado em Linguística pela Universidade Federal do Rio de Janeiro (UFRJ). Já publicou os seguintes livros: *O aspecto verbal no Português: a categoria e sua expressão* (Edufu); *Metodologia e prática de ensino da Língua Portuguesa*, em coautoria (Mercado Aberto e Edufu); *Texto e coerência*, em coautoria (Cortez Editora); *A coerência textual*, em coautoria (Editora Contexto); *Gramática e interação:* uma proposta para o Ensino de Gramática (Cortez Editora) e *Gramática:* ensino plural (Cortez Editora). Publicou a coleção de livros didáticos A aventura da linguagem para o Ensino Fundamental – 1º a 9º anos (Ibep e Dimensão). Tem ainda muitos artigos publicados em revistas especializadas e diversos capítulos de livros. Atuou também na editoração de revistas e livros. *Site:* www.ileel.ufu.br/travaglia.

Quitandas caseiras típicas de Minas Gerais e cultivo de plantas são seus *hobbies*.